HEYNE <

Dr. Oetker

Blitzschnelle Küche
leicht und schlank

WILHELM HEYNE VERLAG
MÜNCHEN

Nach Festtagsbraten, Plätzchen und Glühwein steht Ihnen der Sinn nach etwas Leichtem? Hier finden Sie Rezepte, die Genuss ohne Reue versprechen.
Ausgewogene, abwechslungsreiche Küche beginnt bereits beim Einkauf. Frische Zutaten, zu fett- und kalorienarmen Gerichten verarbeitet, leisten einen Beitrag zu einer gesunden Ernährung.
Und dass man dafür nicht stundenlang in der Küche stehen muss, sehen Sie hier. 30 Minuten Zubereitungszeit benötigt man, bis das Essen im Ofen oder auch schon auf dem Tisch steht.
Lassen Sie sich inspirieren und genießen Sie auf leichte Art.
Alle Rezepte wurden ausprobiert und so beschrieben, dass sie leicht nachzukochen sind.

Inhaltsübersicht

Suppen – zum Auslöffeln
Seite 8 – 33

Salate – frisch zubereitet
Seite 34 – 67

Snacks – auch zum Mitnehmen
Seite 68 – 91

Fleisch – auf leichte Art
Seite 92 – 107

Fisch – ein guter Fang
Seite 108 – 119

Vegetarisch – querbeet genießen
Seite 120 – 133

Desserts – zum Verwöhnen
Seite 134 – 141

Kartoffelsuppe mit Porree und Garnelen

4 Portionen – Einfach

1 kg vorwiegend festkochende Kartoffeln
2 Stangen Porree (Lauch, etwa 400 g)
1 Zwiebel (etwa 65 g)
20 g Butter
750 ml (¾ l) Gemüsebrühe
4 Stängel Majoran oder 1 Msp. gerebelter Majoran
100 g Garnelen in Lake (aus dem Kühlregal)
250 ml (¼ l) Milch
Salz
frisch gemahlener Pfeffer
5–7 Tropfen Worcestersauce (Fertigprodukt)

Zubereitungszeit: **30 Minuten**

1_ Kartoffeln schälen, abspülen, abtropfen lassen und in kleine Würfel schneiden. Porree putzen. Die Stangen längs halbieren, gründlich waschen und abtropfen lassen. Porree in schmale Streifen schneiden. Zwiebel abziehen und fein würfeln.

2_ Butter in einem Topf erhitzen. Zwiebelwürfel darin unter gelegentlichem Rühren andünsten. Kartoffelwürfel und Porreestreifen hinzufügen und kurz mitdünsten.

3_ Gemüsebrühe hinzugießen, zum Kochen bringen und zugedeckt 12–15 Minuten köcheln lassen, bis die Kartoffeln weich sind.

4_ Inzwischen Majoran abspülen, trocken tupfen und die Blättchen von den Stängeln zupfen.

5_ Etwa ein Drittel des Gemüses mit einer Schaumkelle herausnehmen und auf einen Teller geben. Die restliche Suppe fein pürieren.

6_ Garnelen auf einem Sieb abtropfen lassen. Milch unter Rühren in die Suppe gießen. Garnelen unterrühren. Die Kartoffelsuppe nochmals kurz erwärmen, beiseitegelegtes Gemüse wieder unterrühren.

7_ Die Suppe mit Salz, Pfeffer und Worcestersauce abschmecken, mit Majoran bestreut servieren.

Pro Portion: E: 13,4 g, F: 7,4 g, Kh: 36,0 g, kJ: 1135, kcal: 271, BE: 3,0

Ernährungstipp: 100 g gekochte Kartoffeln haben nur etwa 70 kcal und sind doch sehr sättigende Eiweißlieferanten. Dessen biologische Wertigkeit wird durch die Zugabe der Milch in dieser Suppe noch erhöht. „Dickmacher" werden Kartoffeln erst dann, wenn sie z. B. in Fett gebraten oder frittiert werden.

Variante: Kartoffelsuppe mit Schinken. Wer keine Garnelen mag, kann stattdessen 200 g mageren gekochten Schinken in feine Würfel schneiden. Die Schinkenwürfel dann zum Schluss unter die Suppe rühren und kurz miterwärmen (pro Portion: E: 19,6 g, F: 8,8 g, Kh: 35,8 g, kJ: 1291, kcal: 308, BE: 3,0).

Chinakohleintopf

4 Portionen – Einfach – Foto

4 Zwiebeln (200 g)
1–2 Knoblauchzehen
800 g Kartoffeln
1 EL Speiseöl (z. B. Rapsöl, 10 g)
500 g Tatar (Schabefleisch)
Salz
frisch gemahlener Pfeffer
2 gestr. TL Instant-Gemüsebrühe
200 ml heißes Wasser
800 g stückige Tomaten
  (aus dem Tetra-Pak®)
1 ¼ kg Chinakohl

½ Bund Schnittlauch

Zubereitungszeit: **25 Minuten**

1_ Zwiebeln und Knoblauch abziehen und fein würfeln. Kartoffeln schälen, abspülen, abtropfen lassen und in etwa 1 ½ cm große Würfel schneiden.

2_ Öl in einem Suppentopf erhitzen. Zwiebel-, Knoblauch und Kartoffelwürfel hinzufügen und unter Rühren anbraten. Tatar hinzufügen und unter Rühren mit anbraten, evtl. mit einer Gabel etwas zerdrücken. Mit Salz, Pfeffer und Brühe würzen.

3_ Das Wasser hinzugießen, alles unter Rühren zum Kochen bringen und etwa 5 Minuten köcheln lassen. Tomaten unterrühren. Das Ganze wieder zum Kochen bringen.

4_ Chinakohl putzen, vierteln und den Strunk herausschneiden. Chinakohl abspülen, abtropfen lassen, in feine Streifen schneiden und unter die Tatar-Tomaten-Mischung rühren.

5_ Chinakohleintopf nochmals kurz aufkochen lassen und etwa 8 Minuten unter gelegentlichem Rühren köcheln lassen.

6_ Schnittlauch abspülen, trocken tupfen und in Röllchen schneiden. Den Eintopf vor dem Servieren damit bestreuen, nochmals abschmecken

Pro Portion: E: 36,6 g, F: 7,7 g, Kh: 34,6 g, kJ: 1511, kcal: 361, BE: 2,5

Amerikanische Pfeffersuppe

4 Portionen – Raffiniert

1 Gemüsezwiebel
1 Stange Staudensellerie
  (etwa 200 g)
1 Stange Porree
  (Lauch, etwa 200 g)
2 grüne Paprikaschoten
  (je etwa 200 g)
2 EL Speiseöl (z. B. Olivenöl, 20 g)
1 l Gemüsebrühe
100 g Kochschinken ohne Fettrand
100 g Spätzle (aus dem Kühlregal)
2 EL grüne Pfefferkörner
  (in Lake eingelegt, etwa 20 g)
1 EL gehackte Petersilie
Salz
frisch geriebene Muskatnuss

Zubereitungszeit: **30 Minuten**

1_ Gemüsezwiebel abziehen, halbieren und in Ringe oder Streifen schneiden. Sellerie putzen, die harten Außenfäden abziehen, abspülen und abtropfen lassen. Sellerie in feine Scheiben schneiden.

2_ Porree putzen, längs halbieren, gründlich waschen, abtropfen lassen und in schmale Streifen schneiden. Paprikaschoten halbieren, entstielen, entkernen und die weißen Scheidewände entfernen. Schoten abspülen, abtropfen lassen und in Streifen schneiden.

3_ Speiseöl in einem großen Topf erhitzen. Das Gemüse darin unter Rühren andünsten. Gemüsebrühe hinzugießen. Die Suppe zugedeckt etwa 15 Minuten bei schwacher Hitze leicht kochen lassen.

4_ Kochschinken in feine Streifen schneiden. Schinkenstreifen und Spätzle kurz vor Ende der Garzeit in die Suppe geben, kurz miterwärmen.

5_ Pfefferkörner abspülen, abtropfen lassen. Pfefferkörner und Petersilie in die Suppe geben, unterrühren. Die Suppe mit Salz und Muskat abschmecken.

Pro Portion: E: 10,9 g, F: 7,5 g, Kh: 14,6 g, kJ: 719, kcal: 172, BE: 0,5

Bunter Bohneneintopf

4 Portionen – Preiswert – vegetarisch

3 Möhren (etwa 300 g)
4 vorwiegend festkochende
　Kartoffeln (etwa 400 g)
1 Zwiebel (etwa 65 g)
1 EL Speiseöl
　(z. B. Sonnenblumenöl, 10 g)
1 l Gemüsebrühe
2 Lorbeerblätter
2 Tomaten (etwa 200 g)
1 Zucchini (etwa 375 g)
1 Dose weiße Bohnen mit Suppengrün (Abtropfgewicht 530 g)
Salz
frisch gemahlener Pfeffer
frisch geriebene Muskatnuss

Zubereitungszeit: **30 Minuten**

1_ Möhren putzen, schälen, abspülen und abtropfen lassen. Möhren längs halbieren und quer in Scheiben schneiden. Kartoffeln schälen, abspülen, abtropfen lassen und in kleine Würfel schneiden. Zwiebel abziehen und fein würfeln.

2_ Das Öl in einem Topf erhitzen. Möhrenscheiben, Kartoffel- und Zwiebelwürfel darin bei mittlerer Hitze in 3–4 Minuten unter gelegentlichem Rühren kurz andünsten. Gemüsebrühe hinzugießen. Lorbeerblätter zufügen und alles zum Kochen bringen. Den Eintopf zugedeckt bei mittlerer Hitze etwa 5 Minuten köcheln lassen.

3_ In der Zwischenzeit Tomaten abspülen, abtrocknen, halbieren und die Stängelansätze herausschneiden. Tomatenhälften in Spalten schneiden und jeweils quer halbieren. Die Zucchini abspülen, abtrocknen und die Enden abschneiden. Die Zucchini in Würfel schneiden. Bohnen auf ein Sieb abgießen.

4_ Tomatenstücke, Zucchiniwürfel und abgetropfte Bohnen zum Eintopf geben. Diesen kurz aufkochen und weitere etwa 5 Minuten köcheln lassen, bis das Gemüse und die Kartoffeln gar sind.

5_ Bohneneintopf mit Salz, Pfeffer und Muskatnuss abschmecken. Vor dem Servieren die Lorbeerblätter entfernen.

Pro Portion: E: 12,4 g, F: 4,1 g, Kh: 35,9 g, kJ: 979, kcal: 233, BE: 2,5

Ernährungstipp: Ballaststoffe sorgen unter anderem als unverdauliche pflanzliche Nahrungsbestandteile für ein lang anhaltendes Sättigungsgefühl und eine gute Verdauung. Ungefähr 30 g Ballaststoffe sollte man täglich verzehren. Ideal ist es, etwa die Hälfte aus Vollkorngetreide und die andere Hälfte aus Gemüse, Hülsenfrüchten, Kartoffeln und Obst zu sich zu nehmen.

Variante: Für einen Bohneneintopf mit Birne (pro Portion: E: 11,5 g, F: 4,0 g, Kh: 42,9 g, kJ: 1068, kcal: 255, BE: 3,0) die Zucchini weglassen und stattdessen 2 Birnen (je etwa 150 g) verwenden. Möhren, Kartoffeln und Zwiebeln in Öl andünsten, dann etwa 5 Minuten in Brühe garen. Inzwischen die Birnen abspülen, abtrocknen, vierteln, entkernen, in Stücke schneiden, mit Tomaten und Bohnen in die Brühe geben und alles etwa 5 Minuten weitergaren. Den Eintopf mit Paprikapulver, Bohnenkraut, Salz und Pfeffer würzen.

Möhrensuppe mit roten Linsen und Minze

4 Portionen – Vegetarisch

750 g Möhren
10 g frischer Ingwer
1 rote Peperoni
1 ½ EL Speiseöl
  (z. B. Sonnenblumenöl, 15 g)
150 g rote Linsen
frisch gemahlener Pfeffer
1 Msp. gemahlener Kardamom
800 ml Gemüsebrühe
1–2 Stängel Minze
Salz
frisch geriebene Muskatnuss

Zubereitungszeit: 30 Minuten

1_ Möhren putzen, schälen, abspülen, abtropfen lassen und in kleine Würfel schneiden. Ingwer schälen und fein würfeln. Peperoni längs aufschneiden, entkernen, abspülen, trocken tupfen und in feine Streifen schneiden.

2_ Öl in einem Topf erhitzen. Möhrenwürfel, Ingwer und Peperoni darin etwa 5 Minuten unter gelegentlichem Rühren andünsten.

3_ Linsen, Pfeffer und Kardamom hinzufügen und etwa 2 Minuten mit andünsten. Brühe hinzugießen, die Zutaten zum Kochen bringen und zugedeckt 8–10 Minuten leicht köcheln lassen.

4_ Inzwischen Minzestängel abspülen, trocken tupfen und die Blättchen von den Stängeln zupfen. Die Suppe vor dem Servieren mit Salz und Muskatnuss abschmecken, mit Minze bestreuen.

Pro Portion: E: 12,4 g, F: 4,9 g, Kh: 30,2 g, kJ: 907, kcal: 215, BE: 2,0

Ernährungstipp: Rote Linsen sind, wie alle Hülsenfrüchte, gute Eiweißlieferanten. Außerdem sind Linsen reich an Ballast- und Mineralstoffen sowie an Spurenelementen wie z. B. Eisen. Eisen ist wichtig für unsere Leistungsfähigkeit. Eisen aus pflanzlichen Lebensmitteln wird vom Körper besser aufgenommen, wenn Sie dazu Vitamin-C-haltige Lebensmittel (z. B. Orangensaft oder Obst zum Nachtisch) kombinieren.

Beilage: Dazu schmeckt Fladenbrot. Ein halbes Fladenbrot (etwa 200 g, zusätzlich pro Portion: E: 3,5 g, F: 0,6 g, Kh: 24,0 g, kJ: 493, kcal: 118, BE: 2,0) in 4 gleich große Stücke teilen und dazureichen.

Fenchel-Zitronen-Suppe mit Lachs

4 Portionen – Beliebt

2 Fenchelknollen (etwa 400 g)
3 Möhren (etwa 200 g)
2–3 mehligkochende Kartoffeln
 (etwa 250 g)
1 EL Olivenöl (10 g)
750 ml (¾ l) Gemüsebrühe
2 Lorbeerblätter
1 TL Currypulver
1 Bio-Zitrone
 (unbehandelt, ungewachst)
200 g Lachsfilet
Salz
1 Msp. gemahlener Piment
5 Stängel glatte Petersilie

Zubereitungszeit: **30 Minuten**

1_ Vom Fenchel etwas Fenchelgrün abspülen, trocken tupfen und zum Garnieren beiseitelegen. Von den Fenchelknollen die Stiele dicht oberhalb der Knollen abschneiden. Knollen abspülen, abtropfen lassen, halbieren und in kleine Stücke schneiden.

2_ Möhren putzen. Möhren und Kartoffeln schälen, abspülen, abtropfen lassen und in kleine Würfel schneiden.

3_ Öl in einem Topf erhitzen. Fenchelstücke, Möhren- und Kartoffelwürfel unter Rühren darin andünsten. Gemüsebrühe, Lorbeerblätter und Curry hinzufügen, unterrühren. Suppe bei mittlerer Hitze etwa 15 Minuten kochen lassen.

4_ In der Zwischenzeit Zitrone heiß abwaschen und abtrocknen. Die Hälfte der Schale abreiben und beiseitelegen. Zitrone halbieren und auspressen.

5_ Lachs unter fließendem kalten Wasser abspülen, trocken tupfen und in etwa 1 cm große Würfel schneiden. Lachswürfel mit Zitronensaft beträufeln, mit Salz und Piment bestreuen.

6_ Die Lorbeerblätter aus der Suppe nehmen. Zitronenschale in die Suppe einrühren. Suppe pürieren und nochmals aufkochen lassen. Lachswürfel in die Suppe geben und noch etwa 5 Minuten bei schwacher Hitze gar ziehen lassen. Die Suppe evtl. nochmals mit Salz, Curry und Piment abschmecken.

7_ Petersilie abspülen, trocken tupfen und die Blättchen von den Stängeln zupfen. Petersilienblättchen und beiseitegelegtes Fenchelgrün hacken. Die Suppe mit Kräutern bestreut servieren.

Pro Portion: E: 8,0 g, F: 6,9 g, Kh: 14,1 g, kJ: 647, kcal: 154, BE: 1,0

Ernährungstipp: Möhren sind gute Beta-Carotin-Lieferanten. Dieses Pro-Vitamin ist eine Vorstufe zum Vitamin A, das dann im Körper gebildet werden kann. Die Verarbeitung der Gemüse und eine kleine Fettzugabe erhöhen die Aufnahme in unserem Körper.

Einkaufstipp: Achten Sie beim Kauf von Fenchel darauf, dass die Knollen möglichst weiß und makellos sind. Braune Flecken und Druckstellen sind ein Hinweis, dass die Knollen nicht mehr ganz frisch sind.

Variante: Fenchel-Zitronen-Suppe mit Ei (pro Portion: E: 8,0 g, F: 6,9 g, Kh: 14,1 g, kJ: 647, kcal: 154, BE: 1,0). Wer keinen Lachs mag, nimmt stattdessen 2–3 hart gekochte, gewürfelte Eier und gibt sie zum Schluss in die Suppe.

Fischsuppe

4 Portionen – Einfach

1 Stange Staudensellerie (etwa 75 g)
1 l Instant-Gemüsebrühe
400 g Lachsfilet oder angetautes TK-Lachsfilet
400 g Schollenfilet oder angetautes TK-Schollenfilet
Salz
frisch gemahlener Pfeffer
100 g TK-Suppengrün
½ Bund Kerbel

Zubereitungszeit: 20 Minuten

1_ Staudensellerie putzen und die harten Außenfäden abziehen. Sellerie abspülen, abtropfen lassen und in sehr dünne Scheiben schneiden. Gemüsebrühe und Sellerie zugedeckt in einem Topf zum Kochen bringen.

2_ Inzwischen die Fischfilets unter fließendem kalten Wasser abspülen, trocken tupfen und in mundgerechte Stücke schneiden. Die Fischstücke mit Salz und Pfeffer würzen.

3_ Die Fischstücke mit dem Suppengrün in die Brühe geben und bei schwacher Hitze in etwa 5 Minuten gar ziehen lassen.

4_ In der Zwischenzeit den Kerbel abspülen, trocken tupfen und die Blättchen von den Stängeln zupfen. Kerbelblättchen grob hacken, in die Suppe geben und die Suppe servieren.

Pro Portion: E: 37,7 g, F: 8,5 g, Kh: 1,8 g, kJ: 988, kcal: 237, BE: 0,0

Ernährungstipp: Fisch sollte mindestens 1-mal pro Woche auf dem Speiseplan stehen. Fisch liefert uns leicht verwertbares Eiweiß und ernährungsphysiologisch wichtiges Jod.

Beilage: Servieren Sie die Suppe nach Belieben mit geröstetem Baguette. (250 g in Scheiben geschnitten, zusätzlich pro Portion: E: 4,6 g, F: 0,8 g, Kh: 31,7 g, kJ: 649, kcal: 155, BE: 2,5).

Variante: Für eine Nudel-Fisch-Suppe ersetzen Sie die Hälfte des Fisches durch 100 g Suppennudeln (z. B. Muschelnudeln). Suppennudeln in der kochenden Gemüsebrühe etwa 5 Minuten garen. Dann erst die Fischstücke mit dem Suppengrün zugeben und wie im Rezept beschrieben etwa 5 Minuten gar ziehen lassen (pro Portion: E: 22,6 g, F: 5,1 g, Kh: 18,8 g, kJ: 895, kcal: 214, BE: 1,5).

Suppe nach Peking Art
4 Portionen – Beliebt – Foto

etwa 15 g getrocknete Mu-Err-Pilze
1 Hähnchenbrustfilet (etwa 180 g)
50 g Bambusstreifen
   (aus der Dose)
2 Möhren (etwa 230 g)
1 l Hühnerbrühe
2 EL Apfelessig (20 g)
1 TL Sambal Oelek (etwa 5 g)
1 EL süße Sojasauce (etwa 10 g)
1 EL Sojasauce (etwa 10 g)
2 gestr. TL Salz
2 gestr. EL Zucker
2 gestr. EL Speisestärke
2 Eier (Größe M)
1 EL Sesamöl (10 g)

Zubereitungszeit: 30 Minuten

1_ Mu-Err-Pilze nach Packungsanleitung einweichen. Hähnchenbrustfilet unter fließendem kalten Wasser abspülen, trocken tupfen und in sehr feine Streifen schneiden.

2_ Die Bambusstreifen auf einem Sieb abtropfen lassen und evtl. in kleine Stücke schneiden. Möhren putzen, schälen, abspülen, abtropfen lassen und in feine Stifte schneiden.

3_ Mu-Err-Pilze abtropfen lassen, evtl. harte Stellen abschneiden und die Pilze in feine Streifen schneiden.

4_ Hühnerbrühe in einem Wok oder Topf zum Kochen bringen. Hähnchenstreifen, Gemüse und Pilze dazugeben. Suppe zum Kochen bringen und etwa 3 Minuten kochen lassen. Suppe mit Essig, Sambal Oelek, beiden Sojasaucen, Salz und Zucker abschmecken.

5_ Stärke mit 5 Esslöffeln Wasser verrühren und in die Suppe einrühren. Suppe nochmals kurz aufkochen lassen. Eier verschlagen und in die noch kochende Suppe einrühren. Die Suppe mit Sesamöl servieren.

Pro Portion: E: 16,9 g, F: 6,6 g, Kh: 11,8 g, kJ: 735, kcal: 176, BE: 1,0

Brokkolicremesuppe mit Krabben
4 Portionen – Einfach

1 kg Brokkoli
300 ml Wasser
1 EL Instant-Gemüsebrühe
500 ml (½ l) Milch (3,5 % Fett)
4 EL Haferkleieflocken (60 g)
Salz
frisch gemahlener, weißer Pfeffer
frisch geriebene Muskatnuss
einige Dillspitzen
200 g Krabben (gekocht)

Zubereitungszeit: 30 Minuten

1_ Vom Brokkoli die Blätter entfernen. Den Brokkoli in Röschen teilen, die Stängel am Strunk schälen und klein schneiden. Die Röschen abspülen und abtropfen lassen.

2_ Wasser mit Gemüsebrühe und Brokkoli in einem Topf zum Kochen bringen und zugedeckt etwa 15 Minuten bei mittlerer Hitze garen. Anschließend alles mit einem Pürierstab pürieren.

3_ Milch erhitzen und nach und nach zum Brokkolipüree gießen. Die Flüssigkeit mit dem Pürierstab so lange pürieren, bis eine glatte Cremesuppe entstanden ist.

4_ Die Haferkleieflocken unterrühren und die Suppe nochmals kurz aufkochen lassen.

5_ Die Suppe mit Salz, Pfeffer und Muskatnuss abschmecken.

6_ Dillspitzen abspülen und trocken tupfen. Krabben in die Suppe geben. Die Suppe mit Dillspitzen garniert servieren.

Pro Portion: E: 22,2 g, F: 7,0 g, Kh: 17,1 g, kJ: 940, kcal: 224, BE: 1,0

Ratatouille-Suppe
4 Portionen – Klassisch

100 g rote Zwiebeln
1–2 Knoblauchzehen
je 1 rote und gelbe Paprikaschote
 (je etwa 200 g)
200 g Auberginen
200 g Zucchini
2 EL Olivenöl (20 g)
1 EL Tomatenmark
1 l Gemüsebrühe
Salz
Cayennepfeffer
150 g Cocktailtomaten
je 2 Stängel Minze, Basilikum
 und Petersilie
30 g schwarze Oliven ohne Stein
etwas abgeriebene Schale von
 1 Bio-Zitrone
 (unbehandelt, ungewachst)
50 g geraspelter Parmesan-Käse

Zubereitungszeit: **30 Minuten**

1_ Zwiebeln und Knoblauch abziehen und in kleine Würfel schneiden. Paprikaschoten halbieren, entstielen, entkernen und die weißen Scheidewände entfernen. Schotenhälften abspülen und abtropfen lassen.

2_ Auberginen und Zucchini abspülen, abtrocknen und die Stängelansätze und Enden abschneiden. Die Gemüsezutaten in etwa 1 cm große Stücke schneiden.

3_ Olivenöl in einem Topf erhitzen. Zwiebel-, Knoblauchwürfel, Auberginen- und Paprikastücke darin kräftig unter Rühren andünsten. Tomatenmark unterrühren und kurz mitrösten. Brühe hinzugießen, zum Kochen bringen und mit Salz und Cayennepfeffer würzen. Das Gemüse etwa 12 Minuten ohne Deckel kochen lassen.

4_ In der Zwischenzeit Tomaten abspülen, abtropfen lassen und die Stängelansätze herausschneiden. Tomaten vierteln. Kräuterstängel abspülen und trocken tupfen. Die Blättchen von den Stängeln zupfen. Blättchen grob schneiden.

5_ Zucchinistücke, Tomatenviertel und Oliven nach etwa 9 Minuten Garzeit in die Suppe geben und mitgaren lassen. Zuletzt Zitronenschale und Kräuter hinzugeben. Den Topf von der Kochstelle nehmen.

6_ Ratatouille-Suppe anrichten und Parmesan-Käse dazureichen.

Pro Portion: E: 8,3 g, F: 13,0 g, Kh: 10,1 g, kJ: 805, kcal: 192, BE: 0,2

Tipp: Auberginen gibt es in den unterschiedlichsten Farben und Formen. Unabhängig vom Äußeren ist das Fruchtfleisch immer weiß, von schwammiger Konsistenz und hat weiche Kerne. Als Nachtschattengewächs enthalten Auberginen Solanin, deswegen dürfen sie nicht roh verzehrt werden. Mit 17 kcal pro 100 g sind Auberginen ein kalorienarmes Gemüse.

Gemüsesuppe mit Lachsschinken
4 Portionen – Einfach – Foto

2 TL geschälte Sesamsamen
400 g Möhren
800 g festkochende Kartoffeln
600 g Kohlrabi
2 EL Speiseöl (z. B. Olivenöl, 20 g)
knapp 1 ¼ l Gemüsebrühe
200 g Lachsschinken ohne
    Fettrand
Salz
frisch gemahlener Pfeffer
2 Msp. frisch geriebene
    Muskatnuss
100 g Crème légère

Zubereitungszeit: **30 Minuten**

1_ Sesamsamen in einer Pfanne ohne Fett unter Rühren goldbraun rösten.

2_ Möhren putzen. Kartoffeln, Möhren und Kohlrabi schälen, abspülen, abtropfen lassen und in gleich große Stücke schneiden.

3_ Öl in einem Topf erhitzen und die Gemüsestücke unter Rühren darin anbraten. Brühe hinzugießen und zum Kochen bringen. Gemüse zugedeckt etwa 15 Minuten kochen.

4_ Schinken in Streifen schneiden. Gemüsesuppe pürieren, mit Salz, Pfeffer und Muskat abschmecken und in 4 Suppenschalen verteilen. Crème légère unterrühren und die Suppe mit Schinkenstreifen und Sesam bestreut sofort servieren.

Pro Portion: E: 17,6 g, F: 12,9 g, Kh: 34,0 g, kJ: 1373, kcal: 328, BE: 2,5

Tipp: Das Auge isst mit. Deshalb die Suppe mit einigen Kräuterblättchen garniert servieren.

Gemüsetopf „Sterntaler"
4 Portionen – Für Kinder

1 kleiner Blumenkohl (500 g)
2 Möhren (etwa 200 g)
1 Petersilienwurzel
1 EL Sonnenblumenöl (10 g)
1 Lorbeerblatt
1 ½ l Instant-Gemüsebrühe
200 g TK-Erbsen
50 g Sternchennudeln
Salz
frisch geriebene Muskatnuss
4 kleine Geflügel-Wiener-
    Würstchen (je 50 g)
einige Stängel Petersilie

Zubereitungszeit: **30 Minuten**

1_ Vom Blumenkohl die Blätter entfernen und den Strunk abschneiden. Den Blumenkohl in Röschen teilen, abspülen und abtropfen lassen.

2_ Möhren putzen, schälen, abspülen, abtropfen lassen und in dünne Scheiben schneiden. Petersilienwurzel putzen, schälen, abspülen, abtropfen lassen und fein würfeln.

3_ Öl in einem Suppentopf erhitzen. Das Gemüse und Lorbeerblatt kurz darin andünsten. Gemüsebrühe hinzugießen und zum Kochen bringen. Das Ganze etwa 10 Minuten kochen lassen.

4_ Erbsen und Nudeln hinzufügen und noch einmal 5–7 Minuten kochen. Den Gemüsetopf mit Salz und Muskatnuss kräftig würzen.

5_ Würstchen in Scheiben schneiden, zufügen und etwa 2 Minuten miterhitzen. Petersilie abspülen und trocken tupfen. Die Blättchen von den Stängeln zupfen, fein hacken und zum Eintopf geben.

Pro Portion: E: 16,5 g, F: 15,4 g, Kh: 21,8 g, kJ: 1227, kcal: 294, BE: 1,5

Kichererbsensuppe mit Kartoffeln

4 Portionen – Vegetarisch – Foto

600 g mehligkochende Kartoffeln
1 ¼ l Gemüsebrühe
3 Dosen Kichererbsen
  (Abtropfgewicht je 265 g)
100 g Frühlingszwiebeln
2 Möhren (200 g)
Salz
frisch gemahlener Pfeffer

Zubereitungszeit: 30 Minuten

1_ Kartoffeln schälen, abspülen, abtropfen lassen und in kleine Würfel schneiden.

2_ Kartoffelwürfel mit der Brühe in einem großen Topf zum Kochen bringen und etwa 10 Minuten bei schwacher Hitze zugedeckt köcheln lassen.

3_ In der Zwischenzeit die Kichererbsen auf ein Sieb geben und abtropfen lassen. Frühlingszwiebeln putzen, abspülen und abtropfen lassen. Frühlingszwiebeln in feine Ringe schneiden.

4_ Möhren putzen, schälen, abspülen, abtropfen lassen und in dünne Scheiben schneiden.

5_ Kichererbsen, Frühlingszwiebeln und Möhren ebenfalls in die Brühe geben und etwa 5 Minuten zugedeckt mitköcheln lassen.

6_ Die Suppe mit Salz und Pfeffer abschmecken.

Pro Portion: E: 18,6 g, F: 5,7 g, Kh: 56,8 g, kJ: 1513, kcal: 362, BE: 4,5

Zucchinisuppe mit gerösteten Sonnenblumenkernen

4 Portionen – Vegetarisch

1 kg Zucchini
1 Zwiebel (65 g)
1 Knoblauchzehe
1 EL Olivenöl (10 g)
600 ml Gemüsebrühe
Salz
frisch gemahlener Pfeffer
frisch geriebene Muskatnuss
gemahlener Kümmel oder
  Koriander
30 g Sonnenblumenkerne
1 EL fein gehackte Petersilie
4 TL Schlagsahne (30 % Fett)

Zubereitungszeit: 30 Minuten

1_ Zucchini abspülen, abtrocknen und die Enden abschneiden. Zucchini in Würfel schneiden. Zwiebel und Knoblauch abziehen, in feine Würfel schneiden.

2_ Öl in einem Topf erhitzen. Zwiebel- und Knoblauchwürfel darin andünsten. Zucchiniwürfel hinzugeben und unter Rühren kurz mit andünsten. Brühe hinzugießen und mit Salz, Pfeffer, Muskat und Kümmel oder Koriander würzen. Die Zutaten zum Kochen bringen und zugedeckt etwa 15 Minuten bei schwacher Hitze kochen lassen.

3_ Sonnenblumenkerne in einer Pfanne ohne Fett unter Rühren leicht bräunen und herausnehmen.

4_ Die Suppe mit einem Pürierstab fein pürieren und nochmals kurz erhitzen. Suppe mit Salz und Pfeffer abschmecken.

5_ Die Suppe mit Petersilie und Sonnenblumenkernen in 4 tiefen Tellern anrichten und je 1 Teelöffel Sahne daraufgeben.

Pro Portion: E: 6,0 g, F: 8,9 g, Kh: 6,9 g, kJ: 558, kcal: 133, BE: 0,1

Süßkartoffelsuppe mit Backobst und Bacon
4 Portionen – Raffiniert

100 g Zwiebeln
20 g frischer Ingwer
300 g Süßkartoffeln
8 Pimentkörner
5 Wacholderbeeren
30 g Butter
150 ml Möhrensaft
100 ml Orangensaft
500 ml (½ l) Geflügelbrühe
Salz
40 g Meerrettichwurzel
½ Bund Schnittlauch
50 g gemischtes Backobst
4 Scheiben Bacon
 (Frühstücksspeck)
je 1 TL fein abgeriebene Bio-
 Orangen- und Zitronenschale
 (unbehandelt, ungewachst)

Zubereitungszeit: **25 Minuten**
Garzeit: **etwa 20 Minuten**

1_ Zwiebeln abziehen. Ingwer schälen. Zwiebeln und Ingwer in kleine Würfel schneiden.

2_ Süßkartoffeln dick schälen, abspülen, abtropfen lassen und in grobe Würfel schneiden. Pimentkörner und Wacholderbeeren grob zerstoßen.

3_ Butter in einem Topf zerlassen. Die vorbereiteten Zutaten darin kräftig unter Rühren andünsten. Möhren-, Orangensaft und Brühe hinzugießen und mit Salz würzen.

4_ Die Zutaten zum Kochen bringen und etwa 20 Minuten ohne Deckel kochen lassen.

5_ Meerrettich schälen, abspülen und abtropfen lassen. Schnittlauch abspülen, trocken tupfen und in feine Röllchen schneiden. Backobst in kleine Würfel schneiden.

6_ Die Baconscheiben nebeneinander in einer erwärmten Pfanne von beiden Seiten knusprig ausbraten, herausnehmen und auf Küchenpapier abtropfen lassen.

7_ Die Suppe fein pürieren und anschließend durch ein feines Sieb in einen Topf gießen. Die Rückstände im Sieb gut ausdrücken. Orangen- und Zitronenschale unterrühren. Die Suppe evtl. nochmals mit Salz abschmecken.

8_ Die Suppe nochmals erhitzen. Backobstwürfel hineingeben. Die Suppe anrichten. Meerrettich daraufreiben und mit Schnittlauchröllchen bestreuen. Baconscheiben dazureichen.

Pro Portion: E: 5,3 g, F: 8,1 g, Kh: 29,6 g, kJ: 912, kcal: 218, BE: 2,5

Möhrensuppe mit Kichererbsen

4 Portionen – Exotisch

600 g Möhren
1 Fenchelknolle (etwa 250 g)
1 Zwiebel (etwa 65 g)
1 walnussgroßes Stück frischer Ingwer
1 Stängel Zitronengras
40 g Butter
1–2 TL Currypulver
Salz
800 ml Geflügelfond (aus dem Glas) oder Instant-Geflügelbrühe
250 ml (¼ l) Orangensaft
1 Dose Kichererbsen (Abtropfgewicht 265 g)

4 EL Naturjoghurt (3,5 % Fett)
1 TL Chiliflocken

Zubereitungszeit: **30 Minuten**

1_ Möhren putzen, schälen, abspülen, abtropfen lassen und in kleine Stücke schneiden. Fenchelknolle putzen, die Stiele dicht oberhalb der Knolle und Wurzelende abschneiden. Knolle abspülen, abtropfen lassen, halbieren und in kleine Stücke schneiden.

2_ Zwiebel abziehen. Ingwer schälen. Zwiebel und Ingwer klein würfeln. Von dem Zitronengrasstängel die äußeren Blätter ablösen. Den Stängel in 2–3 Stücke schneiden und etwas flach klopfen.

3_ Butter in einem Topf zerlassen. Zitronengrasstücke darin andünsten. Zwiebel-, Ingwerwürfel, Möhren- und Fenchelstücke portionsweise hinzugeben und mit andünsten. Gemüse mit etwas Curry und 1 Teelöffel Salz würzen. Geflügelfond oder -brühe und Orangensaft hinzugießen, zum Kochen bringen und 10–15 Minuten kochen lassen.

4_ Die Kichererbsen auf einem Sieb abtropfen lassen. Die Zitronengrasstücke aus der Suppe entfernen. Die Hälfte der Kichererbsen unterrühren. Die Suppe pürieren und nochmals mit den Gewürzen abschmecken.

5_ Restliche Kichererbsen in die Suppe geben und kurz miterwärmen.

6_ Die Möhrensuppe in 4 Portionen teilen und jeweils 1 Esslöffel Joghurt einrühren. Die Möhrensuppe mit Chiliflocken bestreut servieren.

Pro Portion: E: 11,3 g, F: 11,7 g, Kh: 27,4 g, kJ: 1114, kcal: 266, BE: 1,5

Ernährungstipp: Möhren sind reich an Carotin (Vorstufe von Vitamin A) und sollten immer mit etwas Fett zubereitet werden, damit der Körper das Carotin besser aufnehmen kann. 100 g geputzte Möhren enthalten 25 kcal.

Tomatensuppe

4 Portionen – Einfach – Foto

1 ½ kg Fleischtomaten
2 Zwiebeln (130 g)
1 Knoblauchzehe
2–3 EL Olivenöl (20–30 g)
500 ml (½ l) Gemüsebrühe
1 Prise Zucker
Salz
frisch gemahlener Pfeffer
¼ TL Cayennepfeffer
1 Lorbeerblatt

Zubereitungszeit: **20 Minuten**
Garzeit: **etwa 15 Minuten**

1_ Tomaten abspülen, abtropfen lassen, vierteln und die Stängelansätze herausschneiden. Die Tomaten in Stücke schneiden.

2_ Zwiebeln und Knoblauch abziehen. Zwiebeln fein würfeln. Knoblauchzehe zerdrücken oder ebenfalls fein würfeln.

3_ Öl in einem Topf erhitzen und Zwiebelwürfel und Knoblauch darin andünsten. Tomatenstücke hinzufügen und mit andünsten.

4_ Gemüsebrühe, Zucker, Salz, Pfeffer, Cayennepfeffer und Lorbeerblatt hinzufügen, wieder zum Kochen bringen und etwa 15 Minuten bei schwacher Hitze zugedeckt kochen. Anschließend das Lorbeerblatt herausnehmen.

5_ Die Suppe mit dem Pürierstab pürieren. Die Suppe nochmals aufkochen lassen und mit den Gewürzen abschmecken.

Pro Portion: E: 4,2 g, F: 7,2 g, Kh: 11,8 g, kJ: 554, kcal: 131, BE: 0,0

Tipp: Soll die Tomatensuppe besonders fein werden, die Suppe nicht pürieren, sondern durch ein Sieb streichen oder die Tomaten vorher enthäuten und entkernen.

Kräutersuppe

4 Portionen – Für Gäste

je 1 kleines Bund Rucola (Rauke, 50 g), Kerbel, Basilikum und Petersilie
1 Kästchen Kresse
2 Schalotten oder 1 Zwiebel
1 EL Butter
Salz
frisch gemahlener Pfeffer
400 ml Gemüsebrühe
125 g Schlagsahne oder Crème fraîche
geriebene Muskatnuss

Zubereitungszeit: **40 Minuten**

1_ Rucola und Kräuter waschen und trocken tupfen. Kerbel, Basilikum und Petersilie von den Stängeln zupfen, Kerbel- und Petersilienstängel hacken (Basilikumstängel nicht, sind häufig holzig).

2_ Kresse bis auf einen kleinen Rest zum Garnieren der Suppe mit einer Schere abschneiden. Schalotten oder Zwiebel abziehen und in Würfel schneiden.

3_ Butter in einem Topf zerlassen, gehackte Stängel und Schalotten- oder Zwiebelwürfel darin andünsten und mit Salz und Pfeffer würzen. Brühe dazugießen und etwa 15 Minuten darin bei schwacher Hitze leicht köcheln lassen.

4_ Abgezupfte Kräuter hacken, Rucola in Streifen schneiden und zur Suppe geben. Suppe gut pürieren und durch ein Sieb gießen. Sahne oder Crème fraîche in die Suppe geben und kurz erwärmen, aber nicht mehr kochen lassen.

5_ Die Suppe mit Salz, Pfeffer und Muskat abschmecken, dann in Suppentassen oder -teller füllen und mit der restlichen Kresse garnieren.

Pro Portion: E: 2,1 g, F: 14,1 g, Kh: 2,8 g, kJ: 612, kcal: 147, BE: 0,0

Scharfer Mango-Glasnudel-Salat
4 Portionen – Exotisch

150 g Glasnudeln
2 Bio-Limetten
 (unbehandelt, ungewachst)
1 Bio-Orange
 (unbehandelt, ungewachst)
1 rote Chilischote
1 reife Mango (etwa 400 g)
je 4–5 Stängel Basilikum und
 Koriander
2 EL Sesamöl (20 g)
Salz
frisch gemahlener Pfeffer
400 g Garnelen (roh, ohne Kopf,
 geschält und entdarmt)
2 EL Sonnenblumenöl (20 g)
1–1 ½ EL flüssiger Honig (etwa 15 g)

Zubereitungszeit: 30 Minuten

1_ Glasnudeln nach Packungsanleitung zubereiten, dann abkühlen lassen.

2_ Limetten und Orange heiß abspülen, abtrocknen. Von 1 Limette und der Orange die Schale getrennt abreiben. Den Saft getrennt auspressen. Die zweite Limette beiseitelegen.

3_ Chilischote abspülen, abtrocknen, entstielen und längs halbieren. Schote entkernen und in kleine Streifen schneiden. Das Fruchtfleisch der Mango vom Stein schneiden, schälen und in Streifen schneiden.

4_ Basilikum und Koriander abspülen, trocken tupfen und die Blättchen von den Stängeln zupfen. Einige Blättchen beiseitelegen, restliche Blättchen getrennt in feine Streifen schneiden.

5_ Orangensaft mit abgeriebener Orangenschale, Sesamöl und Chilistreifen verrühren. Marinade mit Salz und Pfeffer würzen.

6_ Garnelen unter fließendem kalten Wasser abspülen und trocken tupfen. 1 Esslöffel Öl in einer Pfanne erhitzen. Garnelen hineingeben und unter Wenden darin braten, bis sie sich rot gefärbt haben.

7_ Glasnudeln mit einer Küchenschere in mundgerechte Stücke schneiden. Mangostreifen, Orangenmarinade und Korianderblättchen unterrühren.

8_ Übriges Öl mit Honig, abgeriebener Limettenschale, Limettensaft und Basilikum verrühren, mit Salz und Pfeffer würzen. Marinade mit Garnelen vermischen, auf dem Mango-Glasnudel-Salat anrichten.

9_ Beiseitegelegte Limette in Scheiben schneiden. Salat mit Limettenscheiben und beiseitegelegten Kräuterblättchen garnieren.

Pro Portion: E: 21,6 g, F: 12,5 g, Kh: 49,2 g, kJ: 1690, kcal: 405, BE: 4,0

Ernährungstipp: Die Südfrucht Mango enthält neben Calcium und Magnesium vor allem Vitamin C und Beta-Carotin.

Einkaufstipp: Bei reifen Mangos gibt die Schale auf leichten Druck etwas nach. Die Schale hat meist kleine braune oder schwarze Flecken.

Couscous-Salat

4 Portionen – Gut vorzubereiten

200 g Couscous
etwa 750 ml (¾ l) Gemüsebrühe
1 Knoblauchzehe
1 Zwiebel (etwa 65 g)
je 1 kleine, grüne und gelbe
   Paprikaschote (je etwa 150 g)
½ Salatgurke (etwa 175 g)
3 Fleischtomaten (etwa 400 g)

Für die Salatsauce:
Saft von 1 Zitrone (50–60 ml)
3 EL Olivenöl (30 g)
Salz
frisch gemahlener Pfeffer
¼ TL Chilipulver

4–5 Stängel glatte Petersilie
3–4 Stängel Koriander

Zubereitungszeit: **30 Minuten, ohne Durchziehzeit**

1_ Couscous mit der Gemüsebrühe nach Packungsanleitung in einem Topf zubereiten. Den Topf mit dem Couscous beiseitestellen. Couscous erkalten lassen.

2_ In der Zwischenzeit Knoblauch und Zwiebel abziehen, beides fein würfeln. Paprikaschoten halbieren, entstielen, entkernen und die weißen Scheidewände entfernen. Schoten abspülen, abtropfen lassen und in feine Würfel schneiden.

3_ Salatgurke abspülen, abtrocknen und die Enden abschneiden. Gurke längs halbieren, entkernen und in Streifen schneiden.

4_ Fleischtomaten abspülen, kreuzweise einschneiden und mit kochendem Wasser übergießen. Tomaten mit kaltem Wasser abschrecken, enthäuten, halbieren und die Stängelansätze herausschneiden. Tomaten entkernen und in kleine Stücke schneiden.

5_ Den beiseitegestellten Couscous in eine Salatschüssel geben und mit 2 Gabeln etwas auflockern. Knoblauch-, Zwiebel- und Paprikawürfel, Gurkenstreifen und Tomatenstücke unterheben.

6_ Für die Salatsauce Zitronensaft mit dem Öl verschlagen, mit Salz, Pfeffer und Chilipulver würzen. Die Sauce mit den Salatzutaten vermengen und kalt gestellt etwas durchziehen lassen.

7_ Zum Servieren Kräuter abspülen und trocken tupfen. Die Blättchen von den Stängeln zupfen und die Blättchen fein hacken. Die Kräuterblättchen unter den Salat geben. Den Salat nochmals abschmecken und servieren.

Pro Portion: E: 8,9 g, F: 8,4 g, Kh: 44,1 g, kJ: 1207, kcal: 288, BE: 3,5

Tipp: Der Salat schmeckt am besten, wenn er gut durchziehen kann. Deshalb den Salat zugedeckt im Kühlschrank etwa 2 Stunden durchziehen lassen. Der Couscous-Salat ist zum Mitnehmen gut geeignet.

Ernährungstipp: Couscous gehört zu den Getreideerzeugnissen, die mit einem hohen Anteil von Eiweiß und Stärke unsere Ernährung bereichern. Gleichzeitig ist er ein wichtiger Nährstofflieferant.

Einkaufstipp: Im Supermarkt bekommen Sie oft Instant-Couscous, der nur noch in heißem Salzwasser oder in Gemüsebrühe ausquellen muss. Couscous gibt es aus Hartweizengrieß, er wird aber auch aus Hirse- und Gerstengrieß hergestellt.

Rote-Linsen-Salat

2 Portionen – Zum Mitnehmen – fruchtig

150 g Zuckerschoten
200 ml Gemüsebrühe
100 g rote Linsen
2 Frühlingszwiebeln (etwa 100 g)
1 Dose Aprikosenhälften
   (Abtropfgewicht 130 g)
10 g frischer Ingwer oder
   ½ TL gemahlener Ingwer
1–2 EL Himbeeressig (10–20 g)
Salz
frisch gemahlener Pfeffer
1 EL Sonnenblumenöl (10 g)
1 ½ EL Nussöl (15 g)

Zubereitungszeit: **25 Minuten, ohne Durchziehzeit**

1_ Von den Zuckerschoten die Enden abschneiden. Die Schoten evtl. abfädeln, abspülen und abtropfen lassen.

2_ Brühe in einem kleinen Topf zum Kochen bringen. Zuckerschoten darin kurz blanchieren und mit einer Schaumkelle herausnehmen. Die Schoten mit kaltem Wasser abschrecken, abtropfen lassen und halbieren.

3_ Die Linsen in die Brühe geben, das Ganze wieder zum Kochen bringen und bei schwacher Hitze etwa 8 Minuten köcheln lassen, bis die Gemüsebrühe aufgesogen ist.

4_ Frühlingszwiebeln putzen, abspülen, abtropfen lassen und schräg in Ringe schneiden. Frühlingszwiebelringe unter die heißen Linsen heben. Die Linsen-Zwiebel-Mischung abkühlen lassen.

5_ Aprikosen auf einem Sieb abtropfen lassen und in dünne Spalten schneiden.

6_ Ingwer schälen und fein reiben. Essig mit Salz, Pfeffer und Ingwer verrühren. Sonnenblumen- und Nussöl unterschlagen. Die Salatsauce mit der Linsen-Zwiebel-Mischung vermengen. Aprikosenspalten und Zuckerschoten unterheben.

7_ Den Rote-Linsen-Salat nochmals abschmecken und servieren. Oder noch besser zugedeckt kalt stellen und etwa 1 Stunde durchziehen lassen.

Pro Portion: E: 16,9 g, F: 13,6 g, Kh: 47,7 g, kJ: 1613, kcal: 385, BE: 3,5

Beilage: Pro Portion 2 Scheiben Vollkorntoast (50 g) dazureichen (zusätzlich pro Portion: E: 2,2 g, F: 1,1 g, Kh: 10,5 g, kJ: 258, kcal: 61, BE: 1,0).

Variante: Für einen Rote-Linsen-Salat mit Erbsen und Ananas (pro Portion: E: 19,1 g, F: 13,9 g, Kh: 52,8 g, kJ: 1747, kcal: 417, BE: 4,0) anstatt Zuckerschoten und Aprikosen 150 g TK-Erbsen und 1 kleine Dose Ananasscheiben (Abtropfgewicht 140 g) verwenden. Die Erbsen nach Packungsanleitung garen, dann abtropfen lassen. Die Ananasscheiben auf einem Sieb abtropfen lassen und in kleine Stücke schneiden. Erbsen und Ananasstücke unter die Linsen-Zwiebel-Mischung geben, mit der Salatsauce verrühren und mit den Gewürzen abschmecken.

Eier-Spinat-Salat mit Senf-Dressing
4 Portionen – Raffiniert

5 Eier (Größe M)
1–2 Stangen Porree
 (Lauch, etwa 250 g)
1–2 Stangen Staudensellerie
 (etwa 150 g)
50 g Frühstücksspeck
 (Bacon, in Scheiben)
1 EL Sonnenblumenöl (10 g)
100 g aufgetaute TK-Erbsen
3 EL Gemüsebrühe (etwa 30 ml)
3–4 EL Weißweinessig (30–40 g)
1 TL mittelscharfer Senf (etwa 4 g)
Salz
frisch gemahlener Pfeffer
¼ TL Zucker
1 EL Sonnenblumenöl (10 g)
150 g junge Spinatblätter

Zubereitungszeit: **30 Minuten**

1_ Die Eier an der Unterseite einpicken, in kochendes Wasser geben und in etwa 8 Minuten hart kochen. Eier mit kaltem Wasser abschrecken, damit die Eier nicht nachgaren.

2_ In der Zwischenzeit Porree putzen, in dünne Scheiben schneiden, gründlich abspülen und abtropfen lassen. Staudensellerie putzen und die harten Außenfäden abziehen. Sellerie abspülen, abtropfen lassen und in dünne Scheiben schneiden.

3_ Speckscheiben halbieren, in einer Pfanne ohne Fett knusprig ausbraten, herausnehmen und auf Küchenpapier abtropfen lassen.

4_ Öl in der Pfanne erhitzen. Porree, Sellerie und Erbsen darin unter Wenden etwa 2 Minuten andünsten. Gemüse aus der Pfanne nehmen.

5_ Für das Dressing Brühe und Essig in der Pfanne verrühren. Dressing mit Senf, Salz, Pfeffer und Zucker abschmecken. Sonnenblumenöl unterschlagen. Das Dressing warm halten.

6_ Den Spinat verlesen und dicke Stiele entfernen. Spinat gründlich waschen und gut abtropfen lassen oder trocken schleudern. Eier pellen und in Scheiben schneiden.

7_ Spinat und Eier mit dem Gemüse auf Tellern anrichten. Speck nach Belieben grob zerbröseln und daraufgeben. Das Dressing dazureichen.

Pro Portion: E: 14,9 g, F: 14,1 g, Kh: 6,1 g, kJ: 891, kcal: 213, BE: 0,5

Beilage: Reichen Sie Roggen-Vollkornbrot dazu (1 Scheibe je etwa 45 g, pro Scheibe etwa: E: 3,3 g, F: 0,5 g, Kh: 17,4 g, kJ: 363, kcal: 87, BE: 1,5).

Varianten: Statt der Spinatblätter eignet sich auch etwa 125 g Feldsalat (pro Portion Feldsalat-Eier-Salat: E: 14,5 g, F: 14,1 g, Kh: 6,1 g, kJ: 884, kcal: 211, BE: 0,5). Oder Sie probieren einen fruchtigen Eier-Spinat-Salat (pro Portion: E: 13,3 g, F: 14,1 g, Kh: 8,7 g, kJ: 903, kcal: 216, BE: 0,5). Dann die aufgetauten Erbsen durch 1 Birne (etwa 200 g) ersetzen. Die Birne abspülen, trocken tupfen, vierteln, entkernen und in kleine Stücke schneiden. Birnenstücke mit dem Porree und dem Sellerie kurz andünsten.

Einkaufstipp: Jungen Spinat gibt es eher in den Frühjahrs- und Sommermonaten zu kaufen, während Feldsalat im Herbst und Winter Saison hat.

Asia-Glasnudel-Salat

4 Portionen – Etwas Besonderes

500 g Hähnchenbrustfilet
2 EL Sojasauce (etwa 20 g)
150 g Glasnudeln
1 rote Chilischote (20 g)
2 Knoblauchzehen
5 Möhren (etwa 500 g)
2 Stangen Porree
 (Lauch, etwa 400 g)
2 EL Speiseöl
 (z. B. Sesamöl, 20 g)
Salz
frisch gemahlener Pfeffer
½ TL gemahlener Ingwer
3–4 EL Limettensaft

Zubereitungszeit: 30 Minuten

1_ Hähnchenbrustfilet unter fließendem kalten Wasser abspülen, trocken tupfen, in etwa 2 cm große Würfel schneiden und mit der Sojasauce verrühren.

2_ Glasnudeln nach Packungsanleitung zubereiten und erkalten lassen. Dann mit einer Küchenschere in etwa 3 cm lange Stücke schneiden.

3_ Inzwischen Chilischote halbieren, entstielen, entkernen, abspülen, abtropfen lassen und in feine Streifen schneiden. Knoblauch abziehen und fein hacken.

4_ Möhren und Porree putzen. Die Möhren schälen, abspülen, abtropfen lassen und in dünne Scheiben schneiden. Porreestangen längs einschneiden, gründlich abspülen und abtropfen lassen. Porree in Streifen schneiden.

5_ Öl in einer Pfanne erhitzen und die Hähnchenwürfel darin unter gelegentlichem Rühren 5–7 Minuten braten, mit Salz und Pfeffer bestreuen und aus der Pfanne nehmen.

6_ Chilischote, Knoblauch, Möhren und Porree im verbliebenen Bratfett anbraten und etwa 4 Minuten unter gelegentlichem Wenden bissfest dünsten.

7_ Salatzutaten miteinander vermischen, mit Salz, Pfeffer, Ingwer und Limettensaft abschmecken. Salat sofort warm servieren oder noch etwas durchziehen lassen, dann kalt servieren.

Pro Portion: E: 32,7 g, F: 6,4 g, Kh: 39,2 g, kJ: 1467, kcal: 349, BE: 2,5

Tipp: Glasnudeln sind dünne, nach dem Garen glasig aussehende Nudeln, die im asiatischen Raum als Beilage oder Suppeneinlage beliebt sind.

Variante: Für einen Glasnudel-Salat mit Mais und Paprika (pro Portion: E: 33,6 g, F: 7,2 g, Kh: 46,3 g, kJ: 1639, kcal: 390, BE: 3,5) nehmen Sie statt Möhren und Porree 1 Dose Gemüsemais (Abtropfgewicht 285 g) und 2 rote Paprikaschoten (je etwa 200 g). Mais abtropfen lassen. Paprika halbieren, entstielen, entkernen und die weißen Scheidewände entfernen. Schoten abspülen, abtropfen lassen, in feine Streifen schneiden. Gemüse wie beschrieben andünsten und unter die restlichen Salatzutaten geben.

Roastbeef-Gurken-Salat

4 Portionen – Für Gäste

75 g Glasnudeln
600 g Salatgurke
1 reife Mango (etwa 400 g)
1 rote Zwiebel (etwa 65 g)
175 g Roastbeef-Aufschnitt (möglichst durchgegart)

Für das Dressing:
1 kleine, rote Chilischote (etwa 20 g)
10 g frischer Ingwer
1 Knoblauchzehe
8–10 EL Limettensaft
½ TL Zucker
Salz
1 EL Sesamöl (10 g)
2 EL Sonnenblumenöl (20 g)
1 Bund Koriander

Zubereitungszeit: **25 Minuten, ohne Durchziehzeit**

1_ Glasnudeln nach Packungsanleitung zubereiten, auf einem Sieb abtropfen lassen und mit einer Küchenschere klein schneiden.

2_ Gurke schälen und die Enden abschneiden. Gurke längs halbieren und entkernen. Gurke in etwa 1 cm dicke Scheiben schneiden. Mango halbieren und das Fruchtfleisch vom Stein schneiden. Fruchtfleisch schälen und fein würfeln.

3_ Zwiebel abziehen und in feine Ringe schneiden. Aufschnitt in Streifen schneiden.

4_ Für das Dressing Chilischote längs halbieren, entstielen und entkernen. Die Schote abspülen, abtropfen lassen und fein hacken. Ingwer schälen. Knoblauch abziehen. Ingwer und Knoblauchzehe ebenfalls fein hacken.

5_ Chili-, Ingwer- und Knoblauchstücke mit Limettensaft und Zucker verrühren und mit Salz würzen. Beide Ölsorten unterschlagen. Vorbereitete Salatzutaten mit dem Dressing mischen und den Salat etwa 1 Stunde zugedeckt im Kühlschrank durchziehen lassen.

6_ Koriander abspülen, trocken tupfen und die Blättchen von den Stängeln zupfen. Einige Blättchen zum Garnieren beiseitelegen. Die restlichen Blättchen grob hacken und unter den Salat mischen. Salat nochmals mit Salz und evtl. etwas Limettensaft abschmecken. Salat mit den beiseitegelegten Korianderblättchen garniert servieren.

Pro Portion: E: 15,4 g, F: 9,9 g, Kh: 29,1 g, kJ: 1147, kcal: 274, BE: 2,0

Tipp: Statt Roastbeef können Sie auch Hähnchen- oder Putenbrustaufschnitt verwenden.

Endivien-Melonen-Salat mit Zanderfilet

4 Portionen – Fruchtig

½ Zuckermelone,
 (z. B. Galiamelone, etwa 500 g Fruchtfleisch)
2 EL Apfelessig (etwa 20 g)
1 TL Zitronensaft
Salz
frisch gemahlener Pfeffer
Zucker
2 EL Olivenöl (20 g)
1 EL Haselnussöl (10 g)

1 Kopf Endivien- oder Kopfsalat
1 Salatgurke (etwa 400 g)
½ kleine Chilischote

600 g Zanderfilet
2 EL Olivenöl (20 g)

Zubereitungszeit: 30 Minuten

1_ Melone entkernen und schälen. Für das Dressing 150 g Fruchtfleisch abwiegen, grob würfeln und dann fein pürieren. Melonenpüree mit Essig und Zitronensaft verrühren und mit Salz, Pfeffer und Zucker würzen. Beide Ölsorten unterschlagen.

2_ Das restliche Melonenfleisch in Würfel schneiden. Salat putzen, waschen und gut abtropfen lassen oder trocken schleudern. Die Salatblätter in mundgerechte Stücke schneiden.

3_ Gurke abspülen, abtrocknen und die Enden abschneiden. Gurke längs halbieren und entkernen. Gurke in Scheiben oder Stücke schneiden.

4_ Chilischote längs halbieren, entstielen, entkernen, abspülen und abtropfen lassen. Chilischote in kleine Ringe oder Stücke schneiden.

5_ Melonen- und Gurkenstücke, Salat und Chili vorsichtig vermischen und auf einer Platte anrichten.

6_ Fischfilet unter fließendem kalten Wasser abspülen, trocken tupfen und mit Salz und Pfeffer bestreuen. Fischfilet in 4 Portionen teilen. Olivenöl in einer beschichteten Pfanne erhitzen. Die Filets darin von jeder Seite etwa 4 Minuten braten. Salat mit dem Dressing beträufeln. Filets in Stücke schneiden und auf dem Salat anrichten.

Pro Portion: E: 31,5 g, F: 11,0 g, Kh: 9,1 g, kJ: 1107, kcal: 263, BE: 0,5

Tipp: Zu den Zuckermelonen gehören Kantalup-, Honig- und Netzmelonen. Verwenden Sie für dieses Dressing aromatische, reife Früchte. Prüfen Sie beim Kauf Reife und Aroma. Duftet die Melone durch die Schale zart süßlich und gibt der Stielansatz auf Druck leicht nach, ist die Melone reif für den Verzehr.

Apfel-Möhren-Salat mit Honig-Sesam-Dressing

4 Portionen – Fruchtig – Foto

je 1 Zitrone und Orange
2–3 TL flüssiger Akazienhonig
   (etwa 25 g)
1 Prise gemahlener Zimt
1 EL Rapsöl (10 g)
2 Äpfel (je etwa 150 g)
500 g Möhren
3 Sesam-Krokant-Riegel
   (je 25 g, Fertigprodukt aus dem
   Reformhaus oder Drogerie-
   Markt)

Zubereitungszeit: **20 Minuten**

1_ Zitrone und Orange halbieren und jeweils den Saft auspressen. Zitronen- und Orangensaft in eine Schüssel geben. Honig und Zimt hinzufügen und mit einem Schneebesen gut verrühren. Rapsöl unterschlagen.

2_ Äpfel waschen, abtrocknen, vierteln, entkernen und in dünne Spalten schneiden. Apfelspalten zu dem Dressing in die Schüssel geben.

3_ Möhren putzen, schälen, abspülen, abtropfen lassen und in dünne Scheiben oder Streifen schneiden. Zu den Apfelspalten geben und gut unterrühren.

4_ Den Salat in eine Salatschüssel geben. Krokant-Riegel zerbröseln und kurz vor dem Servieren auf den Salat streuen.

Pro Portion: E: 3,6 g, F: 8,1 g, Kh: 30,4 g, kJ: 890, kcal: 213, BE: 2,0

Tipp: Der Salat lässt sich, ohne die Krokantbrösel, in gut verschließbaren Kunststoffdosen, prima zur Schule oder ins Büro mitnehmen.

Amerikanischer Salat

2 Portionen – Preiswert

Für das Joghurtdressing:
150 g fettarmer Naturjoghurt
   (1,5 % Fett)
3 EL gemischte, gehackte Kräuter
   (z. B. Petersilie, Schnittlauch)
1 EL Obstessig oder Zitronensaft
Salz
frisch gemahlener Pfeffer
Zucker

2 Bananen (je etwa 200 g)
3 rote Äpfel (je etwa 150 g)
150 g Staudensellerie
300 g Eisbergsalat

Zubereitungszeit: **20 Minuten**

1_ Für das Dressing Joghurt in einer Schüssel glatt rühren. Kräuter abspülen, trocken tupfen, evtl. die Blättchen von den Stängeln zupfen und fein hacken. Kräuter und Obstessig oder Zitronensaft zum Joghurt geben und unterrühren. Dressing mit Salz, Pfeffer und Zucker abschmecken.

2_ Bananen schälen und in Scheiben schneiden. Äpfel abspülen, abtrocknen, vierteln, entkernen und ebenfalls in Scheiben schneiden. Sellerie putzen, die harten Außenfäden abziehen, abspülen und abtropfen lassen. Sellerie in feine Scheiben schneiden. Die Bananen-, Apfel- und Selleriescheiben mit dem Joghurtdressing vermischen.

3_ Den Eisbergsalat putzen, abspülen, gut abtropfen lassen und in 2 cm breite Streifen schneiden. Salatstreifen unter den Salat mischen und sofort servieren.

Pro Portion: E: 6,9 g, F: 2,6 g, Kh: 60,2 g, kJ: 1274, kcal: 307, BE: 4,5

Salate – frisch zubereitet

Nudelsalat mit Parmaschinken und Melone

4 Portionen – Einfach – Foto

2 l Wasser
2 TL Salz
200 g Nudeln (z. B. Penne)

4 Tomaten (400 g)
einige Stängel Basilikum
100 g Frühlingszwiebeln
4–6 EL Weinessig (40–60 g)
2 TL mittelscharfer Senf
Salz
frisch gemahlener Pfeffer
1 Prise Zucker
3 EL Speiseöl (z. B. Rapsöl, 30 g)
50 g schwarze Oliven mit Stein

300 g Honigmelonen-Fruchtfleisch
50 g Parmaschinken in Scheiben

Zubereitungszeit: 30 Minuten, ohne Durchziehzeit

1_ Das Wasser in einem großen Topf zugedeckt zum Kochen bringen. Dann Salz und Nudeln zugeben und die Nudeln im geöffneten Topf bei mittlerer Hitze nach Packungsanleitung bissfest kochen, dabei gelegentlich umrühren. Anschließend die Nudeln auf ein Sieb geben, mit kaltem Wasser abspülen und abtropfen lassen.

2_ Tomaten abspülen, abtrocknen, halbieren und die Stängelansätze herausschneiden. Tomaten fein würfeln.

3_ Basilikum abspülen und trocken tupfen. Die Blättchen von den Stängeln zupfen. Einige Blättchen zum Garnieren beiseitelegen und restliche Blättchen fein hacken. Frühlingszwiebeln putzen, abspülen, abtropfen lassen und in Ringe schneiden.

4_ Weinessig mit Senf verrühren und mit Salz, Pfeffer und Zucker abschmecken. Öl unterrühren und mit Tomatenstücken, Basilikum, Nudeln und Oliven vermischen. Salat etwa 30 Minuten durchziehen lassen.

5_ Melonenfruchtfleisch entkernen und fein würfeln. Den Schinken in Streifen schneiden, mit Melonenwürfeln unter den Nudelsalat geben. Zum Servieren den Salat mit den beiseitegelegten Basilikumblättchen garniert servieren.

Pro Portion: E: 10,7 g, F: 12,6 g, Kh: 44,6 g, kJ: 1426, kcal: 340, BE: 3,5

Apfel-Sellerie-Rohkost

2 Portionen – Zum Mitnehmen

Für die Marinade:
Saft von 1 Zitrone (50–60 ml)
1 EL flüssiger Honig (etwa 20 g)
Salz
gemahlener Piment

2 Äpfel (300 g)
1 Sellerieknolle (400 g)
50 g Kasseler Aufschnitt oder geräucherter Putenbrustaufschnitt
125 g fettarmer Naturjoghurt (1,5 % Fett)
2 EL gehackte Walnusskerne (20 g)

Zubereitungszeit: 20 Minuten

1_ Für die Marinade Zitronensaft mit Honig verschlagen, mit Salz und Piment abschmecken.

2_ Äpfel abspülen, abtrocknen, vierteln und entkernen. Sellerie schälen, abspülen und gut abtropfen lassen. Äpfel und Sellerie grob raspeln und unter die Marinade rühren.

3_ Kasseler Aufschnitt oder Putenbrust in feine Streifen schneiden. Joghurt glatt rühren und unter die Apfel-Sellerie-Mischung rühren.

4_ Apfel-Sellerie-Rohkost mit Aufschnittstreifen und gehackten Walnusskernen servieren.

Pro Portion: E: 11,6 g, F: 9,9 g, Kh: 31,5 g, kJ: 1130, kcal: 270, BE: 2,5

Tipp: Walnusskerne haben einen hohen Gehalt an Eiweiß, Mineral- und Ballaststoffen. In 100 g Nusskernen sind etwa 14 g Eiweiß, 2 g Mineralstoffe und 6 g Ballaststoffe. Sie haben aber auch einen hohen Ölgehalt.

Salate – frisch zubereitet

Exotischer Ananassalat mit Schweinefilet

4 Portionen – Gut vorzubereiten

Zum Vorbereiten:
750 g Weißkohl
1–1 ½ TL Salz
1 TL Zucker

2 Frühlingszwiebeln
1 rote Paprikaschote (etwa 200 g)
1 Baby-Ananas oder ¼ Ananas (etwa 250 g Fruchtfleisch)
½ Bund Koriander oder glatte Petersilie

Für das Dressing:
1 kleine, rote Chilischote
Saft von 2 Limetten
½ TL gemahlener Koriandersamen
3–4 EL Sonnenblumen- oder Distelöl (30–40 g)

400 g Schweinefilet
Salz
frisch gemahlener Pfeffer
2 EL Sonnenblumenöl (20 g)
2 EL scharfe Asia-Chili-Sauce (aus dem Asialaden)

Zubereitungszeit: **30 Minuten, ohne Durchziehzeit**

1_ Zum Vorbereiten Weißkohl putzen, vierteln und den Strunk herausschneiden. Den Kohl abspülen, abtropfen lassen und mit einem Küchenhobel oder mit einer Küchenmaschine in sehr feine Streifen hobeln.

2_ Kohlstreifen mit Salz und Zucker mischen und mit den Händen kräftig durchkneten, bis er glasig wird. Kohl etwa 2 Stunden kalt gestellt durchziehen lassen.

3_ Frühlingszwiebeln putzen, abspülen, abtropfen lassen und in feine Ringe schneiden. Paprika halbieren, entstielen, entkernen und die weißen Scheidewände entfernen. Schote abspülen, abtropfen lassen und in feine Würfel schneiden.

4_ Von der Ananas den Schopf mit Stielansatz und dem obersten Stück Schale abschneiden. Ananas längs vierteln, den inneren Strunk herausschneiden. Ananas schälen und Fruchtfleisch in Stücke schneiden.

5_ Kräuter abspülen, trocken tupfen und die Blättchen von den Stängeln zupfen. Einige Blättchen beiseitelegen, die restlichen Blättchen grob hacken.

6_ Für das Dressing Chilischote längs halbieren, entstielen und entkernen. Die Schote abspülen, abtropfen lassen und fein hacken. Chili mit Limettensaft und Koriander verrühren und Öl unterschlagen.

7_ Schweinefilet trocken tupfen und in etwa 2 cm dicke Scheiben schneiden. Filetscheiben mit Salz und Pfeffer bestreuen. Das Öl in einer Pfanne erhitzen und Filetscheiben darin von jeder Seite etwa 3 Minuten braten. Chili-Sauce auf die Filetscheiben träufeln und kurz durchschwenken.

8_ Salat nochmals mit Salz und Pfeffer abschmecken, mit dem Filet anrichten und mit den beiseitegelegten Kräuterblättchen garnieren.

Pro Portion: E: 25,6 g, F: 16,6 g, Kh: 21,8 g, kJ: 1447, kcal: 345, BE: 1,0

Tipp: Frisches Korianderkraut verleiht vor allem asiatischen und lateinamerikanischen Gerichten den charakteristisch mild-pfeffrigen Geschmack.

Harzer-Käse-Salat mit Curry-Vinaigrette

4 Portionen – Etwas Besonderes – Foto

Für die Curry-Vinaigrette:
3 EL Sherry-Essig (30 g)
1 Prise Zucker
¼ TL Currypulver
2 EL Kürbiskernöl (20 g)
3–4 EL Distel- oder
  Sonnenblumenöl (30–40 g)
Salz
frisch gemahlener Pfeffer

400 g Harzer Käse
1 Bund Radieschen (etwa 250 g)
2 rote Zwiebeln (etwa 100 g)
4 mittelgroße Tomaten
1 kleiner Kopf Frisée-Salat
  (etwa 280 g)
50 g Radieschensprossen

Zubereitungszeit: **20 Minuten**

1_ Für die Vinaigrette Essig mit Zucker und Currypulver verrühren. Beide Ölsorten unterschlagen und mit Salz und Pfeffer abschmecken.

2_ Käse in Scheiben schneiden. Radieschen putzen, abspülen, abtropfen lassen und in Scheiben schneiden. Zwiebeln abziehen, halbieren und in feine Ringe schneiden. Tomaten abspülen, abtrocknen, halbieren und die Stängelansätze herausschneiden. Tomaten in Spalten schneiden.

3_ Salat putzen und evtl. welke äußere Blätter entfernen. Salat abspülen, abtropfen lassen oder trocken schleudern und in mundgerechte Stücke zupfen. Die Sprossen verlesen, abspülen und abtropfen lassen.

4_ Radieschenscheiben, Tomatenspalten, Zwiebelringe und Salat mischen und auf Tellern verteilen. Die Käsescheiben und Sprossen darauf anrichten. Die Curry-Vinaigrette zum Salat reichen.

Pro Portion: E: 32,4 g, F: 14,9 g, Kh: 5,2 g, kJ: 1209, kcal: 289, BE: 0,0

Tipp: Servieren Sie Vollkornbrot mit Nüssen dazu (je Brotscheibe etwa 45 g, zusätzlich pro Scheibe etwa: E: 3,1 g, F: 1,4 g, Kh: 16,3 g, kJ: 383, kcal: 91, BE: 1,5).

Gemischter Blattsalat

4 Portionen – Klassisch

750 g gemischte Blattsalate
  (z. B. Lollo bionda, Feldsalat,
  Frisée, Rauke)
150 g Chicorée

Für die Vinaigrette:
1 Zwiebel (etwa 65 g)
2–3 EL Kräuteressig (20–30 g)
Salz
1 Prise Zucker
zerstoßene, getrocknete grüne
  Pfefferkörner
5 EL Olivenöl (50 g)
1–2 EL gehackte Kräuter
  (z. B. Petersilie, Schnittlauch,
  Kerbel)

Zubereitungszeit: **20 Minuten**

1_ Salate putzen, waschen und gut abtropfen lassen oder trocken schleudern. Salate in mundgerechte Stücke zupfen.

2_ Von dem Chicorée die äußeren welken Blätter entfernen, Chicorée längs halbieren, abspülen, abtropfen lassen und die bitteren Strünke keilförmig herausschneiden. Chicorée in Streifen schneiden. Chicoréestreifen in einer Schüssel mit den Blattsalaten mischen.

3_ Für die Vinaigrette Zwiebel abziehen und in feine Würfel schneiden. Essig mit Salz, Zucker und Pfefferkörnern verrühren. Öl unterschlagen. Zwiebelwürfel und Kräuter unterrühren und die Vinaigrette über die Salatzutaten geben. Alles vorsichtig vermengen und sofort servieren.

Pro Portion: E: 3,8 g, F: 13,2 g, Kh: 3,8 g, kJ: 626, kcal: 149, BE: 0,1

Tipp: Die Variationsmöglichkeiten dieses Rezeptes sind vielfältig. Sie können Hasel- oder Walnussöl anstatt des Olivenöls verwenden und den Kräuteressig durch Himbeeressig ersetzen.

Kichererbsensalat

4 Portionen – Vegetarisch – Foto

1 Dose Kichererbsen
(Abtropfgewicht 480 g)
1 Bund Frühlingszwiebeln
4 Fleischtomaten (je etwa 200 g)

Für die Salatsauce:
2 Knoblauchzehen
2 TL mittelscharfer Senf
½ TL Zucker
Salz
frisch gemahlener Pfeffer
2–3 EL Weinessig (20–30 g)
4 EL Rapsöl (40 g)

1 Bund glatte Petersilie

Zubereitungszeit: **25 Minuten**

1_ Kichererbsen auf ein Sieb geben, mit kaltem Wasser abspülen und gut abtropfen lassen. Frühlingszwiebeln putzen, abspülen, abtropfen lassen und in feine Ringe schneiden.

2_ Tomaten abspülen, abtrocknen, halbieren und die Stängelansätze herausschneiden. Tomaten würfeln.

3_ Für die Salatsauce Knoblauch abziehen, fein hacken und mit Senf, Zucker, Salz, Pfeffer und Essig verrühren. Rapsöl unterschlagen.

4_ Kichererbsen, Frühlingszwiebelringe und Tomatenwürfel mit der Salatsauce vermengen.

5_ Petersilie abspülen, trocken tupfen und die Blättchen von den Stängeln zupfen. Blättchen hacken und den Salat damit bestreuen.

Pro Portion: E: 11,4 g, F: 13,7 g, Kh: 31,5 g, kJ: 1260, kcal: 301, BE: 2,0

Tipp: Nach Belieben die Tomaten enthäuten.

Asiatischer Pilz-Glasnudel-Salat

4 Portionen – Etwas Besonderes – vegetarisch

100 g Glasnudeln
250 g Salatgurke
150 g Möhren

Für die Sauce:
10 g frischer Ingwer
1 Knoblauchzehe
2–3 Limetten
2 EL Weißweinessig (20 g)
2–3 EL Sojasauce (20–30 g)
4–5 EL Speiseöl (z. B. Rapsöl, 40–50 g)
1 Prise Zucker
1 Msp. Sambal Oelek

150 g Shiitakepilze
150 g Austernpilze
100 g Frühlingszwiebeln
75 g Mungobohnenkeimlinge
evtl. Salz

Zubereitungszeit: **25 Minuten, ohne Abkühlzeit**

1_ Glasnudeln nach Packungsanleitung zubereiten und in einem Sieb abtropfen lassen. Salatgurke nach Belieben schälen, längs halbieren, entkernen und in etwa 1 cm breite Streifen schneiden. Möhren putzen, schälen, abspülen, abtropfen lassen und in feine Streifen hobeln.

2_ Für die Sauce Ingwer schälen. Knoblauch abziehen. Ingwer und Knoblauch in sehr kleine Würfel schneiden. Limetten halbieren und den Saft auspressen.

3_ Den Limettensaft mit Essig, Sojasauce, Ingwer- und Knoblauchwürfeln in einer Schüssel verrühren. 3 Esslöffel des Speiseöls unterschlagen, mit Zucker und Sambal Oelek würzen. Glasnudeln, Gurken- und Möhrenstreifen untermischen. Salat kurz kalt stellen.

4_ Pilze putzen, mit Küchenpapier abreiben, evtl. abspülen und trocken tupfen. Große Pilze in grobe Streifen schneiden. Frühlingszwiebeln putzen, abspülen, abtropfen lassen und in kleine Stücke schneiden.

5_ Keimlinge verlesen, abspülen und abtropfen lassen. Keimlinge in kochendem Wasser etwa ½ Minute blanchieren, in ein Sieb geben, mit kaltem Wasser übergießen und abtropfen lassen.

6_ Restliches Speiseöl in einer Pfanne erhitzen. Pilze darin unter Rühren kräftig anbraten und herausnehmen. Pilze etwas abkühlen lassen.

7_ Keimlinge, Frühlingszwiebelstücke und Pilze unter den Salat heben. Den Salat nochmals mit Sojasauce und evtl. Salz abschmecken.

Pro Portion: E: 3,7 g, F: 11,6 g, Kh: 31,2 g, kJ: 1017, kcal: 242, BE: 2,5

Salat mit Fischfilet und Frischkäse-Dressing

4 Portionen – Für Gäste

Für das Frischkäse-Dressing:
1 Knoblauchzehe
100 g fettreduzierter Frischkäse (16 % Fett)
125 ml (⅛ l) Milch
1 TL Tomatenketchup (10 g)
1–1 ½ TL mittelscharfer Senf
2–3 EL Zitronensaft
Salz
frisch gemahlener Pfeffer

600–800 g Tilapia- oder Pangasius-Filet
3 EL Zitronensaft

2 Frühlingszwiebeln
100 g rosé oder weiße Champignons
300 g Tomaten
1 Kopf Batavia-Salat
½ Bund Basilikum

2 EL Olivenöl (20 g)

Zubereitungszeit: 30 Minuten

1_ Für das Frischkäse-Dressing Knoblauch abziehen und fein würfeln. Den Frischkäse mit Milch, Ketchup, Senf, Zitronensaft und Knoblauch in einen hohen Rührbecher geben und mit Handrührgerät mit Rührbesen verrühren. Das Dressing mit Salz und Pfeffer abschmecken.

2_ Fischfilet unter fließendem kalten Wasser abspülen, trocken tupfen und mit Zitronensaft beträufeln.

3_ Frühlingszwiebeln putzen, abspülen, gut abtropfen lassen und in feine Ringe schneiden. Champignons putzen, mit Küchenpapier abreiben, evtl. kurz abspülen und gut abtropfen lassen. Champignons vierteln oder in Scheiben schneiden. Tomaten abspülen, abtrocknen und halbieren, Stängelansätze herausschneiden. Tomaten entkernen, in Stücke schneiden.

4_ Salat putzen, waschen und gut abtropfen lassen oder trocken schleudern. Den Salat in mundgerechte Stücke zupfen. Basilikum abspülen, trocken tupfen, die Blättchen von den Stängeln zupfen und sehr fein schneiden. Salatzutaten auf einer großen Platte oder 4 Tellern anrichten und mit dem Dressing beträufeln.

5_ Fischfilet trocken tupfen und mit Salz und Pfeffer bestreuen. Öl in einer Pfanne erhitzen und die Filets je nach Dicke von jeder Seite 3–5 Minuten darin braten. Fischfilet in mundgerechte Stücke schneiden und auf dem Salat anrichten.

Pro Portion: E: 34,3 g, F: 10,1 g, Kh: 7,4 g, kJ: 1108, kcal: 266, BE: 0,5

Tipp: Tilapia ist ein Speisefisch aus der Buntbarschfamilie und wird, wie auch Pangasius, seit einigen Jahren aus Zucht und Aquakultur aus Fernost angeboten. Sein festes Filet eignet sich besonders gut zum Braten, Dünsten oder auch Grillen. Bei Pangasius handelt es sich um eine schnell wachsende Welsart.

Toskana-Kartoffel-Salat

4 Portionen – Einfach

Für die Sauce:
175 ml heiße Gemüsebrühe
3–3 ½ EL Zitronensaft
2 ½ EL Olivenöl (25 g)
Salz
frisch gemahlener Pfeffer
1 Prise Zucker

Für den Salat:
750 g gegarte, mittelgroße
  Pellkartoffeln (z. B. vom Vortag)
300 g gemischte Antipasti
  (z. B. Paprika, Tomaten, Zucchini,
  Zwiebeln, aus dem Kühlregal
  oder aus der Kühltheke)

Zum Bestreuen:
etwa 6 Stängel Basilikum
40 g frisch geraspelter
  Parmesan-Käse

Zubereitungszeit: **20 Minuten,
ohne Durchziehzeit**

1_ Für die Sauce Brühe mit Zitronensaft in einer großen Salatschüssel verrühren. Olivenöl unterschlagen. Sauce mit Salz, Pfeffer und Zucker würzen.

2_ Pellkartoffeln pellen, in Spalten schneiden und unter die Sauce mischen. Den Salat etwa 5 Minuten durchziehen lassen, dabei gelegentlich umrühren.

3_ Antipasti-Gemüse auf einem Sieb abtropfen lassen. Größere Stücke evtl. klein schneiden. Antipasti-Gemüse unter den Kartoffelsalat heben. Den Salat mit Salz und Pfeffer abschmecken.

4_ Basilikum abspülen und trocken tupfen. Die Blättchen von den Stängeln zupfen. Blättchen evtl. in grobe Streifen schneiden. Den Salat mit geraspeltem Parmesan-Käse und Basilikum bestreuen.

Pro Portion: E: 7,5 g, F: 14,4 g, Kh: 28,7 g, kJ: 1169, kcal: 281, BE: 2,5

Tipp: Zum Mitnehmen den Salat und Käse getrennt verpacken. Die Pellkartoffeln am Vortag garen, abgießen und kalt stellen. Wer es besonders eilig hat, kann auch vorgegarte Pellkartoffeln aus dem Kühlregal nehmen.

Einkaufstipp: Für Pellkartoffeln eignen sich am besten vorwiegend festkochende oder festkochende Kartoffelsorten.

Variante: Für einen Bohnen-Kartoffel-Salat (pro Portion: E: 8,7 g, F: 10,1 g, Kh: 27,5 g, kJ: 1012, kcal: 242, BE: 2,5) statt der gemischten Antipasti die gleiche Menge TK-Brechbohnen verwenden. Dann zuerst die Bohnen nach Packungsanleitung garen, abgießen und etwas abkühlen lassen.

Eisberg-Camembert-Salat mit Joghurt-Senf-Dressing
4 Portionen – Einfach – Foto

2 EL gehackte Haselnusskerne

Für das Joghurt-Senf-Dressing:
150 g Vollmilch-Joghurt
2 EL Zitronensaft
1–2 TL milder Senf
1–2 EL Nussöl
 (z. B. Walnussöl, 10–20 g)
Salz, frisch gemahlener Pfeffer
Zucker

1 Kopf Eisbergsalat
200 g Möhren
75 g rosé Champignons
300 g Camembert

1 Kästchen Kresse

Zubereitungszeit: 15 Minuten

1_ Nüsse in einer Pfanne ohne Fett hellbraun rösten, herausnehmen und erkalten lassen.

2_ Für das Dressing Joghurt mit Zitronensaft und Senf verrühren. Öl unterschlagen und das Dressing mit Salz, Pfeffer und Zucker abschmecken.

3_ Eisbergsalat vierteln, abspülen, abtropfen lassen und in mundgerechte Stücke schneiden. Möhren putzen, schälen, abspülen, abtropfen lassen und in feine Streifen schneiden oder grob raspeln.

4_ Champignons putzen, mit Küchenpapier abreiben, evtl. kurz abspülen und gut abtropfen lassen. Champignons in Scheiben schneiden. Käse halbieren und in Scheiben schneiden.

5_ Kresse abspülen, trocken tupfen und abschneiden. Eisbergsalat mit Möhren, Champignons und Käse vorsichtig vermischen. Das Joghurt-Senf-Dressing daraufgeben und den Salat mit Nüssen und Kresse bestreut servieren.

Pro Portion: E: 20,8 g, F: 27,1 g, Kh: 7,4 g, kJ: 1492, kcal: 357, BE: 0,5

Nudelsalat mit Schinkenröllchen
4 Portionen – Gut vorzubereiten

1 ¼ l Wasser
1 TL Salz
125 g Nudeln (z. B. Spirelli)
600 g Zucchini
1 EL Speiseöl (z. B. Olivenöl, 10 g)
Salz, frisch gemahlener Pfeffer
1 Dose Gemüsemais
 (Abtropfgewicht 285 g)
100 g Rucola (Rauke)
½ Bund glatte Petersilie

Für die Salatsauce:
2 EL mittelscharfer Senf
2 EL saure Sahne (10 % Fett)
2 Msp. gemahlener Piment
1 EL Olivenöl (10 g)
4 Scheiben Kochschinken ohne
 Fettrand (je 30 g)

Zubereitungszeit: 30 Minuten

1_ Das Wasser in einem großen Topf zugedeckt zum Kochen bringen. Dann Salz und Nudeln zugeben, Nudeln nach Packungsanleitung bissfest kochen, dabei gelegentlich umrühren. Zucchini abspülen, abtrocknen und die Enden abschneiden. Zucchini in etwa 5 cm lange dünne Streifen schneiden.

2_ Öl in einer Pfanne erhitzen. Die Zucchinistreifen darin unter Rühren anbraten, mit Salz und Pfeffer würzen, aus der Pfanne nehmen.

3_ Die Nudeln auf ein Sieb geben, mit kaltem Wasser abspülen und abtropfen lassen. Mais auf einem Sieb abtropfen lassen.

4_ Rucola verlesen, dicke Stängel abschneiden. Rucola waschen und trocken schleudern, einige Blätter zum Garnieren beiseitelegen. Petersilie abspülen, trocken tupfen und die Blättchen von den Stängeln zupfen. Rucola und Petersilie in Streifen schneiden.

5_ Für die Salatsauce den Senf mit saurer Sahne und Piment verrühren, mit Salz und Pfeffer abschmecken. Öl unterschlagen. Nudeln mit Mais, Rucola und Petersilie vermischen. Salatsauce unterrühren.

6_ Zucchinistreifen auf die Schinkenscheiben legen. Schinken aufrollen und auf dem Salat anrichten. Salat mit beiseitegelegten Rucolablättern garniert servieren.

Pro Portion: E: 15,2 g, F: 9,4 g, Kh: 35,7 g, kJ: 1225, kcal: 293, BE: 2,5

Salate – frisch zubereitet

Salat mit gebratenem Hähnchenfilet
4 Portionen – Raffiniert - Foto

350 g Hähnchenbrustfilet
Salz
frisch gemahlener Pfeffer
2 TL Speiseöl, (z. B. Olivenöl, 8 g)

4 Scheiben Vollkornbrot
 (je 50 g)
1 EL Speiseöl (z. B. Olivenöl, 10 g)
1 Knoblauchzehe
300 g fettarmer Naturjoghurt
 (1,5 % Fett)
2 TL frische, gehackte oder
 TK-Kräuter
1 Bund Frühlingszwiebeln
 (etwa 250 g)
2 Bund Radieschen (etwa 500 g)
400 g Eisbergsalat
300 g Kohlrabi
2 EL ungesalzene Erdnusskerne

Zubereitungszeit: **30 Minuten**

1_ Filet unter fließendem kalten Wasser abspülen, trocken tupfen und mit Salz und Pfeffer bestreuen. Speiseöl in einer Pfanne erhitzen. Filet darin von allen Seiten gut anbraten und unter gelegentlichem Wenden 8–10 Minuten braten. Hähnchenfilet aus der Pfanne nehmen.

2_ Brot in kleine Würfel schneiden. Öl in der Pfanne erhitzen und die Brotwürfel darin unter Rühren knusprig braten.

3_ Knoblauch abziehen und fein hacken. Joghurt mit Knoblauch und Kräutern verrühren, mit Salz und Pfeffer abschmecken.

4_ Frühlingszwiebeln, Radieschen und Salat putzen, abspülen und gut abtropfen lassen. Kohlrabi schälen, abspülen und abtropfen lassen. Gemüse in kleine Stücke schneiden und mit dem Kräuterjoghurt gut vermischen.

5_ Hähnchenfilet in Scheiben schneiden und mit dem Salat anrichten. Salat mit Erdnüssen und Brotwürfeln bestreut servieren.

Pro Portion: E: 32,0 g, F: 9,6 g, Kh: 33,5 g, kJ: 1488, kcal: 357, BE: 2,0

Rohkostplatte mit Schmand-Kräuter-Dip
4 Portionen – Preiswert

Für den Dip:
200 g Schmand (Sauerrahm,
 24 % Fett)
1 TL Kräuteressig (5 g)
1 EL Olivenöl (10 g)
25 g TK-Kräutermischung
Salz
frisch gemahlener Pfeffer
1–2 Prisen Zucker

Außerdem:
200 g Staudensellerie
250 g Kohlrabi
250 g Cocktailtomaten
200 g braune Champignons
1 Bund Radieschen (etwa 250 g)

Zubereitungszeit: **20 Minuten**

1_ Für den Dip Schmand mit Essig, Öl und gefrorenen Kräutern verrühren, mit Salz, Pfeffer und Zucker würzen. Den Schmand-Kräuter-Dip zum Durchziehen beiseitestellen.

2_ Inzwischen Sellerie putzen und die harten Außenfäden abziehen. Den Sellerie abspülen und abtropfen lassen. Sellerie in mundgerechte Stücke schneiden, dabei dicke Stangen evtl. längs halbieren. Kohlrabi schälen, abspülen, abtropfen lassen und erst in Scheiben, dann in Stifte schneiden.

3_ Die Tomaten abspülen, abtrocknen, halbieren und die Stängelansätze herausschneiden. Champignons putzen, mit Küchenpapier abreiben, evtl. kurz abspülen und gut abtropfen lassen. Champignons in Scheiben schneiden.

4_ Die Radieschen putzen und die Wurzelenden abschneiden. Die Radieschen abspülen, abtrocknen und in Scheiben schneiden.

5_ Die Salatzutaten auf einer Platte anrichten. Den Schmand-Kräuter-Dip nochmals mit den Gewürzen abschmecken und dazu servieren.

Pro Portion: E: 5,9 g, F: 15,0 g, Kh: 7,9 g, kJ: 791, kcal: 189, BE: 0,5

Salate – frisch zubereitet

Bunter Feldsalat mit Grapefruit
4 Portionen – Für Gäste

2 EL gestiftelte Mandeln
1 rosa Grapefruit

**Für das
Rosmarin-Honig-Dressing:**
1 Zweig Rosmarin
1 Schalotte (25 g)
2 EL Weißweinessig (20 g)
1 TL flüssiger Honig (10 g)
Salz
frisch gemahlener Pfeffer
5 EL Distelöl (50 g)

1 gelbe Paprikaschote (etwa 200 g)
150 g Feldsalat
1 kleiner Kopf Lollo Rossa
50 g frischer Parmesan am Stück

Zubereitungszeit: 20 Minuten

1_ Mandeln in einer Pfanne ohne Fett hellbraun rösten und auf einem Teller erkalten lassen.

2_ Grapefruit so schälen, dass die weiße Haut mit entfernt wird. Grapefruitfruchtfleisch mit einem scharfen Messer filetieren, dabei den Saft für das Dressing auffangen.

3_ Für das Dressing Rosmarin abspülen, trocken tupfen und die Nadeln von dem Stängel zupfen. Rosmarin fein hacken. Schalotte abziehen und sehr fein würfeln. Aufgefangenen Grapefruitsaft mit Essig und Honig verrühren, Rosmarin und Schalottenwürfel unterrühren und das Dressing mit Salz und Pfeffer abschmecken. Öl unterschlagen.

4_ Paprikaschote halbieren, entstielen, entkernen und die weißen Scheidewände entfernen. Schote abspülen, abtropfen lassen und in feine Streifen schneiden.

5_ Feldsalat verlesen und Wurzelansätze abschneiden. Lollo Rossa putzen, Salate waschen und gut abtropfen lassen oder trocken schleudern. Salatblätter in mundgerechte Stücke zupfen.

6_ Parmesan mit einem Sparschäler oder einem Käsehobel in feine Späne hobeln. Salate, Grapefruitfilets und Paprikastreifen in einer Schüssel mischen. Dressing untermischen und den Salat mit Mandeln und Parmesan servieren.

Pro Portion: E: 8,1 g, F: 20,9 g, Kh: 11,5 g, kJ: 1141, kcal: 273, BE: 1,0

Tipp: Das aromatische Rosmarin-Honig-Dressing schmeckt statt mit Distelöl auch mit Olivenöl, Walnussöl oder einer Mischung aus Distel- und Kürbiskernöl.
Probieren Sie diesen Salat statt mit Feldsalat einmal mit Portulak (Sauburzel). Die zarten, glatten, recht fleisch-saftigen Blätter bilden eine Blattrosette, bei der zum Putzen einfach der Wurzelansatz abgeschnitten wird. Der angenehm leicht säuerlich-würzig schmeckende Salat ist reich an Vitaminen und Mineralstoffen.

Gemüse-Gyros in Pita-Brottaschen

2 Portionen – Für Kinder

je 1 kleine, rote und grüne
  Paprikaschote (je 150 g)
1 Zwiebel (50 g)
1 Knoblauchzehe
1 TL Olivenöl (4 g)
evtl. 1 EL heißes Wasser
etwa ½ TL Gyros-Gewürzmischung
Salz
frisch gemahlener Pfeffer
2 Tomaten (etwa 100 g)
2 Pita-Brottaschen (je etwa 65 g)
200 g Zaziki (aus dem Kühlregal)
einige Scheiben Salatgurke
  (etwa 25 g)

Zubereitungszeit: **25 Minuten**

1_ Paprikaschoten halbieren, entstielen, entkernen und die weißen Scheidewände entfernen. Schotenhälften abspülen, abtropfen lassen und in kleine Würfel schneiden.

2_ Zwiebel und Knoblauch abziehen. Zwiebel erst in Scheiben schneiden, dann in Ringe teilen. Knoblauch fein würfeln.

3_ Das Öl in einer beschichteten Pfanne erhitzen. Die Knoblauchwürfel und die Hälfte der Zwiebelringe darin anbraten. Die Paprikawürfel zugeben und kurz unter Rühren anbraten, evtl. noch 1 Esslöffel heißes Wasser zufügen. Paprikagemüse mit Gyros-Gewürzmischung und evtl. mit Salz und Pfeffer abschmecken.

4_ Tomaten abspülen, abtrocknen, halbieren und die Stängelansätze herausschneiden. Tomaten in Scheiben schneiden.

5_ Pita-Brottaschen im Toaster nach Packungsanleitung toasten. Brottaschen mit Zaziki, Paprikagemüse, Tomaten- und Gurkenscheiben sowie den restlichen Zwiebelringen füllen. Die gefüllten Brottaschen sofort servieren.

Pro Stück: E: 10,4 g, F: 13,2 g, Kh: 48,5 g, kJ: 1497, kcal: 359, BE: 3,5

Tipp: Kinder mögen manchmal keine Zwiebeln. Dann die Zwiebel weglassen. Wenn Sie die gefüllten Brottaschen mit zur Arbeit nehmen möchten, dann die Füllung getrennt vom Brot verpacken. Nach Möglichkeit das Brot frisch toasten.

Variante: Für Pita-Brote mit Salami (2 Stück, pro Stück: E: 13,0 g, F: 10,5 g, Kh: 36,2 g, kJ: 1224, kcal: 293, BE: 3,0) 2 grüne Salatblätter abspülen, trocken tupfen und klein zupfen. 3–4 Radieschen (etwa 50 g) putzen, abspülen, trocken tupfen und in Scheiben schneiden. 2 Pita-Brottaschen toasten, mit Salat, 100 g Kräuterquark (aus dem Kühlregal), 4 Scheiben Salami (etwa 40 g), einigen Scheiben Salatgurke (etwa 35 g) und Radieschen füllen.

Doppeldecker-Sandwiches
2 Stück (4 Hälften) – Einfach

2 Tomaten (etwa 100 g)
2–3 Blätter Eisbergsalat
½ Beet Kresse
6 Scheiben Vollkorn-Sandwichbrot (ersatzweise Vollkorn-Toastbrot)
4 EL Crème légère (etwa 60 g)
4 Scheiben Scheibletten-Käse (kalorienreduziert, 25 % Fett i. Tr.)
4–6 dünne Scheiben Puten-Lachsfleisch (60 g)
2 TL Tomatenketchup (10 g)

Zubereitungszeit: 10 Minuten

1_ Tomaten abspülen, abtrocknen, vierteln und die Stängelansätze herausschneiden. Tomaten entkernen und in Stücke oder Scheiben schneiden.

2_ Salatblätter abspülen, trocken tupfen und in feine Streifen schneiden. Kresse abspülen, trocken tupfen und vom Beet scheiden.

3_ Die Sandwichscheiben jeweils auf einer Seite mit Crème légère bestreichen. 4 der Scheiben mit jeweils einigen Salatstreifen, Tomatenstücken oder -scheiben, Käse und Lachsfleisch belegen und mit Kresse bestreuen.

4_ Jeweils 2 belegte Sandwichscheiben aufeinandersetzen. Die restlichen beiden Sandwichscheiben noch mit Ketchup bestreichen und mit der Ketchupseite nach unten auf die belegten Scheiben legen.

5_ Die Sandwichscheiben leicht zusammendrücken. Die Sandwiches nach Belieben diagonal durchschneiden und in Papierservietten anrichten.

Pro Stück: E: 25,8 g, F: 13,9 g, Kh: 55,2 g, kJ: 1902, kcal: 455, BE: 4,5

Variante: Für Doppeldecker-Sandwiches mit Frischkäse-Füllung (2 Stück [4 Hälften], pro Stück: E: 14,1 g, F: 11,0 g, Kh: 53,8 g, kJ: 1567, kcal: 375, BE: 4,0) 30 g Rucola (Rauke) waschen, trocken schleudern und in grobe Stücke zupfen. 2 Frühlingszwiebeln (etwa 100 g) putzen, abspülen, abtropfen lassen und in feine Ringe schneiden. Beides mit 100 g Frischkäse (maximal 16 % Fett) verrühren. Nach Belieben mit Salz und Pfeffer abschmecken. 4 der Sandwichscheiben damit bestreichen, jeweils 2 Scheiben aufeinandersetzen. Die beiden restlichen Scheiben darauflegen, leicht andrücken und nach Belieben diagonal halbieren.

Champignon-Rührei mit Lachs
2 Portionen – Einfach

200 g Champignons
2 Tomaten (etwa 100 g)
75 g Räucherlachs
2 Eier (Größe M)
3 EL Mineralwasser
Salz
frisch gemahlener Pfeffer
15 g Joghurt-Butter (65 % Fett)
2 Scheiben Vollkornbrot
 (je etwa 45 g)
1 EL Schnittlauchröllchen

Zubereitungszeit: 15 Minuten

1_ Champignons putzen, mit Küchenpapier abreiben, evtl. abspülen, abtropfen lassen und in Scheiben schneiden. Tomaten abspülen, abtrocknen, vierteln und die Stängelansätze herausschneiden. Lachs in Streifen schneiden.

2_ Eier mit Wasser verschlagen, mit Salz und Pfeffer würzen. Knapp die Hälfte der Butter in einer kleinen Pfanne zerlassen.

3_ Champignons darin kurz anbraten. Verschlagene Eier unter Rühren hinzufügen und stocken lassen.

4_ Die Brotscheiben mit der restlichen Butter bestreichen, mit Rührei und Lachsstreifen belegen und mit Schnittlauchröllchen bestreuen. Dazu die Tomatenviertel reichen.

Pro Portion: E: 20,1 g, F: 15,0 g, Kh: 19,1 g, kJ: 1251, kcal: 298, BE: 1,5

Tipp: Die Brotscheiben zusätzlich mit Schnittlauchhalmen garnieren. Zum Mitnehmen das Rührei erkalten lassen und die Zutaten getrennt verpackt mitnehmen. Die Tomaten im Ganzen mitnehmen.

Variante: Für Champignon-Rührei mit Kräutern (pro Portion: E: 13,0 g, F: 13,2 g, Kh: 19,6 g, kJ: 1048, kcal: 250, BE: 1,5) den Lachs weglassen. Dafür 2–3 Esslöffel fein gehackte, gemischte Kräuter (z. B. Petersilie, Schnittlauch) mit 1 kleinen, abgezogenen, fein gehackten Knoblauchzehe unter die verschlagenen Eier rühren. Das Rührei wie beschrieben zubereiten und in der Pfanne stocken lassen.

Gefüllte Tomaten mit Käse überbacken

4 Portionen – Vegetarisch

4 Fleischtomaten (je etwa 250 g)
Salz
frisch gemahlener Pfeffer

Für die Füllung:
2 Knoblauchzehen
100 g fettreduzierter Frischkäse mit Joghurt (13 % Fett)
frisch gemahlener, grober Pfeffer
10 g Semmelbrösel
2–3 EL gehacktes Basilikum
30 g geraspelter Gouda-Käse

einige Stängel Majoran

Zubereitungszeit: **20 Minuten**

1_ Den Backofengrill auf etwa 240 °C vorheizen. Tomaten abspülen, abtrocknen, die Stängelansätze herausschneiden und Tomaten waagerecht halbieren. Die Tomaten mit der Schnittfläche nach oben in eine Auflaufform (gefettet) legen und mit Salz und Pfeffer bestreuen.

2_ Für die Füllung Knoblauch abziehen und durch eine Knoblauchpresse drücken.

3_ Frischkäse mit grobem Pfeffer, Semmelbröseln, Basilikum und Knoblauch verrühren und die Masse auf den Tomaten verteilen. Käse daraufstreuen.

4_ Auflaufform auf dem Rost unter den vorgeheizten Backofengrill schieben. Die Tomaten etwa **10 Minuten grillen.**

5_ Majoran abspülen und trocken tupfen. Tomaten mit Majoran garniert servieren.

Pro Portion: E: 7,4 g, F: 7,1 g, Kh: 8,6 g, kJ: 549, kcal: 130, BE: 0,2

Tipp: Wenn Sie keinen Backofengrill haben, die Tomaten bei Ober-/Unterhitze: etwa 220 °C, Heißluft: etwa 200 °C im vorgeheizten Backofen 5–8 Minuten überbacken.

Variante: Für gefüllte Tomaten mit Frühlingszwiebeln (pro Portion: E: 7,5 g, F: 6,1 g, Kh: 10,1 g, kJ: 541, kcal: 128, BE: 0,2) den Knoblauch weglassen. Von 3 Frühlingszwiebeln Wurzelenden und dunkles Grün entfernen und Frühlingszwiebeln abspülen, abtropfen lassen, in feine Ringe schneiden. Die Frühlingszwiebelringe mit der Frischkäsemasse verrühren und auf die gewürzten Tomaten geben. Käse daraufstreuen. Tomaten wie oben angegeben grillen.

Sesamkartoffeln mit Dip
4 Portionen – Vegetarisch – Foto

1 kg kleine, festkochende
   Kartoffeln

500 g Möhren
500 g Staudensellerie
4 eingelegte Gewürzgurken
   (etwa 200 g)

Für den Dip:
500 g Magerquark
100 g saure Sahne (10 % Fett)
1 TL flüssiger Honig
1 TL gemischte, gehackte
   TK-Kräuter
Salz
frisch gemahlener Pfeffer

1 EL Sonnenblumenöl (10 g)
30 g Sesamsaat
frisch geriebene Muskatnuss

Zubereitungszeit: **30 Minuten**

1_ Kartoffeln gründlich waschen und abbürsten. Die Kartoffeln knapp mit Wasser bedeckt in einem Topf zum Kochen bringen und zugedeckt in 20 Minuten gar kochen.

2_ Inzwischen Möhren schälen, abspülen, abtropfen lassen und in fingerlange schmale Streifen schneiden. Den Sellerie putzen, die harten Außenfäden abziehen, abspülen, abtropfen lassen und ebenfalls in Streifen schneiden. Gurken abtropfen lassen.

3_ Für den Dip Quark, saure Sahne und Honig glatt rühren. Kräuter unterrühren. Den Dip mit Salz und Pfeffer würzen. Dip in die Mitte eines großen Tellers häufen. Gemüse rundum anordnen.

4_ Das Öl in einer großen Pfanne erhitzen. Die garen Kartoffeln abgießen, mit Sesam in die Pfanne geben und kurz von allen Seiten bräunen. Kartoffeln mit Salz und Muskatnuss würzen und zum Gemüse reichen.

Pro Portion: E: 25,0 g, F: 9,8 g, Kh: 44,8 g, kJ: 1598, kcal: 382, BE: 3,0

Frischkäse-Melonen-Müsli
2 Portionen – Fruchtig

2 TL Kürbiskerne (etwa 10 g)
200 g fettarmer körniger
   Frischkäse (0,8 % Fett)
300 g Honigmelonen-Fruchtfleisch
5 EL Vollkorn-Haferflocken (50 g)
1 EL flüssiger Honig (etwa 20 g)

Zubereitungszeit: **10 Minuten**

1_ Kürbiskerne in einer Pfanne ohne Fett unter Rühren rösten und herausnehmen.

2_ Frischkäse verrühren und in 2 Müslischälchen aufteilen.

3_ Melonenfruchtfleisch schälen, entkernen und in Stücke schneiden.

4_ Melonenstücke mit Haferflocken und Kürbiskernen auf dem Frischkäse verteilen, mit Honig beträufeln.

Pro Portion: E: 19,2 g, F: 5,0 g, Kh: 43,6 g, kJ: 1249, kcal: 297, BE: 3,5

Gemüseteller mit Schnittlauch-Dip

2 Portionen – Beliebt

2 kleine Kohlrabi (je etwa 150 g)
½ Salatgurke (etwa 175 g)
5 Möhren (etwa 500 g)
je 1 rote und grüne Paprikaschote
  (je etwa 200 g)

Für den Dip:
250 g Joghurt (3,5 % Fett)
100 g Magerquark
1 TL mittelscharfer Senf (5 g)
Salz
frisch gemahlener Pfeffer
1 Bund Schnittlauch

Außerdem:
2 Roggenbrötchen (je etwa 65 g)

Zubereitungszeit: **20 Minuten**

1_ Kohlrabi schälen, abspülen und abtropfen lassen. Gurke abspülen, abtrocknen und das Ende abschneiden. Kohlrabi und Gurke in Scheiben schneiden. Möhren putzen, schälen, abspülen und abtropfen lassen. Dickere Möhren längs vierteln.

2_ Paprikaschoten halbieren, entstielen, entkernen und die weißen Scheidewände entfernen. Schotenhälften abspülen, abtropfen lassen und in Streifen schneiden. Klein geschnittenes Gemüse dekorativ anrichten.

3_ Für den Dip Joghurt mit Quark und Senf verrühren, mit Salz und Pfeffer abschmecken. Schnittlauch abspülen, trocken tupfen und in sehr kleine Röllchen schneiden. Schnittlauchröllchen unter den Dip rühren. Gemüse mit dem Dip und den Brötchen servieren.

Pro Portion: E: 21,6 g, F: 6,9 g, Kh: 58,7 g, kJ: 1657, kcal: 396, BE: 3,5

Ernährungstipp: Gemüse sollte in einer ausgewogenen Ernährung der wichtigste Bestandteil sein, denn es verfügt über einen hohen Gehalt an Vitaminen, Mineralstoffen und Spurenelementen, sekundären Pflanzenstoffen und Ballaststoffen. Dabei ist es durch seinen hohen Wassergehalt auch noch sehr kalorienarm.

Variante: Für Fleischliebhaber dazu 2 Scheiben gekochten Schinken (je 50 g, zusätzlich pro Portion: E: 11,3 g, F: 1,9 g, Kh: 0,0 g, kJ: 262, kcal: 63, BE: 0,0) oder 6 Scheiben Lachsschinken (je 10 g, zusätzlich pro Portion: E: 5,5 g, F: 1,3 g, Kh: 0,3 g, kJ: 146, kcal: 35, BE: 0,0) reichen.

Buntes Wrap-Einander
8 Stück – Beliebt

8 Blätter Eisbergsalat
3 Möhren (etwa 300 g)
8 Wraps (Tortilla-Weizenmehl-Fladen, je etwa 45 g)
8 EL Crème légère mit frischen Kräutern (125 g)
Salz
frisch gemahlener Pfeffer

6 Aprikosenhälften (aus der Dose)
Currypulver
6 Scheiben Hähnchenaufschnitt (etwa 75 g)
1 gelbe Paprikaschote (etwa 200 g)
3 EL Taco-Sauce (Fertigprodukt, etwa 40 g)
3 dünne Scheiben Kochschinken (etwa 150 g)
2 Tomaten (etwa 100 g)
125 g Mozzarella-Käse

Zubereitungszeit: **25 Minuten**

1_ Salatblätter abspülen und trocken tupfen. Möhren putzen, schälen, abspülen, trocken tupfen und grob raspeln. Die Wraps auf der Arbeitsfläche auslegen. Jeden Fladen mit 1 Esslöffel Crème légère bestreichen und mit Salz und Pfeffer bestreuen.

2_ Für die Hähnchen-Wraps Aprikosen gut abtropfen lassen. Aprikosen fein würfeln. 3 Wraps jeweils mit etwas Curry bestreuen. Jeweils 1 Salatblatt, Hähnchenaufschnitt, Aprikosen und die Hälfte der Möhrenraspel darauf verteilen.

3_ Für die Hot-Taco-Wraps Paprika halbieren, entstielen, entkernen und die weißen Scheidewände herausschneiden. Schotenhälften abspülen, trocken tupfen und in feine Streifen schneiden. 3 Wraps mit der Taco-Sauce bestreichen und mit je 1 Salatblatt, Schinken, Paprika und den restlichen Möhrenraspeln belegen.

4_ Für die Mozzarella-Tomaten-Wraps Tomaten abspülen, abtrocknen, halbieren und die Stängelansätze herausschneiden. Die Tomaten entkernen. Das Fruchtfleisch in Würfel schneiden. Mozzarella abtropfen lassen und in dünne Scheiben schneiden. Die restlichen beiden Wraps mit je 1 Salatblatt, Tomatenwürfeln und Mozzarella-Scheiben belegen.

5_ Die Wraps fest aufrollen, evtl. schräg halbieren und fest in Butterbrotpapier wickeln.

Pro Stück:
Hot-Taco-Wrap: E: 16,6 g, F: 5,1 g, Kh: 28,8 g, kJ: 979, kcal: 234, BE: 2,0
Hähnchen-Wrap: E: 10,1 g, F: 3,6 g, Kh: 32,4 g, kJ: 879, kcal: 210, BE: 2,5
Mozzarella-Tomaten-Wrap: E: 16,4 g, F: 15,4 g, Kh: 24,2 g, kJ: 1284, kcal: 307, BE: 2,0

Tipp: Die fertigen Wraps aus der Packung schmecken auch prima, wenn man sie nacheinander in einer heißen Pfanne ohne Fett je Seite etwa 1 Minute bei mittlerer Hitze röstet. Dann sofort füllen und genießen.

Gyros-Pilz-Taschen
4 Portionen – Beliebt

300 g Pilze
  (z. B. Pfifferlinge oder
  Champignons)
1 rote Paprikaschote (etwa 200 g)
1 Stange Porree
  (Lauch, etwa 200 g)
200 g Schweinefilet
2 EL Olivenöl (20 g)
Salz
frisch gemahlener Pfeffer
Gyros-Gewürzmischung

Für die Sauce:
½ Bund Petersilie
150 g saure Sahne
2 EL fettarme Milch (1,5 % Fett)
1 Prise Zucker

4 Pita-Brottaschen (je etwa 65 g)

Zubereitungszeit: **30 Minuten**

1_ Pilze putzen, evtl. mit Küchenpapier abreiben, kurz abspülen und gut abtropfen lassen. Pilze in Scheiben oder Stücke schneiden. Paprika halbieren entstielen, entkernen und die weißen Scheidewände entfernen. Schotenhälften abspülen, abtropfen lassen und in feine Streifen schneiden.

2_ Porree putzen, die Stange längs halbieren, gründlich waschen, gut abtropfen lassen und in dünne Streifen schneiden. Filet mit Küchenpapier trocken tupfen, evtl. entfetten und enthäuten. Filet in feine Streifen schneiden.

3_ 1 Esslöffel von dem Öl in einer Pfanne erhitzen. Die Filetstreifen darin anbraten, mit Salz, Pfeffer und Gyros-Gewürz würzen und herausnehmen.

4_ Restliches Öl in die Pfanne geben. Die Pilze darin anbraten. Paprika und Porree dazugeben. Alles würzen und unter Wenden 3–5 Minuten braten. Gemüse mit Gyros-Gewürz abschmecken. Fleisch wieder dazugeben und untermischen.

5_ Für die Sauce Petersilie abspülen, trocken tupfen und die Blättchen von den Stängeln zupfen. Blättchen fein hacken. Saure Sahne mit Milch verrühren, Kräuter unterrühren. Sauce mit Salz, Pfeffer und Zucker abschmecken.

6_ Pita-Brottaschen nach Packungsanleitung aufbacken oder toasten. Gyros-Pilz-Mischung einfüllen und mit der Sauce anrichten.

Pro Portion: E: 21,0 g, F: 11,0 g, Kh: 39,8 g, kJ: 1427, kcal: 341, BE: 3,0

Ernährungstipp: Champignons sind kalorienarm. 100 g Pilze enthalten lediglich 20 kcal. Sie sind reich an Kalium und Phosphor sowie an den Vitaminen B_1 und B_2.

Tomaten mit Reis-Hack-Füllung

4 Portionen – Beliebt

8 große Tomaten (je etwa 125 g)
Salz
frisch gemahlener Pfeffer
1 Zwiebel (65 g)
1 TL Speiseöl
 (z. B. Sonnenblumenöl, 4 g)
350 g Gehacktes vom Rind
Paprikapulver edelsüß
1 Knoblauchzehe
200 g Basmatireis
1 geh. TL TK-Petersilie

Zubereitungszeit: **30 Minuten**
Grillzeit: **etwa 12 Minuten**

1_ Tomaten abspülen und trocken tupfen. Von den Tomaten jeweils einen Deckel abschneiden und beiseitelegen. Das Fruchtfleisch vorsichtig mit einem Teelöffel auslösen. Das Fruchtfleisch etwas kleiner schneiden und in eine Schüssel geben.

2_ Die ausgehöhlten Tomaten innen mit etwas Salz und Pfeffer bestreuen.

3_ Zwiebel abziehen und fein würfeln. Öl in einer Pfanne erhitzen und die Zwiebelwürfel darin andünsten. Gehacktes hinzufügen und unter Rühren darin anbraten, dabei die Klümpchen zerdrücken. Gehacktes mit Salz, Pfeffer und Paprika würzen. Knoblauch abziehen, durch die Knoblauchpresse drücken und unterrühren.

4_ Tomatenfruchtfleisch unterrühren und das Ganze etwa 5 Minuten unter gelegentlichem Rühren bei mittlerer Hitze ohne Deckel einkochen lassen, bis die Flüssigkeit verdampft ist.

5_ In der Zwischenzeit Basmatireis nach Packungsanleitung zubereiten. Den Backofengrill auf etwa 240 °C vorheizen.

6_ Fertig gegarten Reis abgießen. 2 Esslöffel Reis davon abnehmen und mit der Petersilie unter die Gehacktesmasse rühren. Die Gehacktesmasse mit den Gewürzen abschmecken. Restlichen Reis zugedeckt warm stellen.

7_ Die Gehacktesmasse in die ausgehöhlten Tomaten füllen und die Tomatendeckel darauflegen. Tomaten in eine Auflaufform (gefettet) setzen. Die Form auf dem Rost auf mittlerer Einschubleiste unter den vorgeheizten Backofengrill schieben. Die Tomaten **etwa 12 Minuten grillen.**

8_ Die gegrillten Tomaten mit Reis auf Tellern anrichten und servieren.

Pro Portion: E: 23,4 g, F: 15,9 g, Kh: 44,9 g, kJ: 1764, kcal: 418, BE: 3,0

Tipp: Nach Belieben vor dem Servieren etwas Petersilie über die Tomatendeckel streuen. Wenn Sie keinen Backofengrill haben, die gefüllten Tomaten bei Ober-/Unterhitze: etwa 220 °C (Heißluft: etwa 200 °C) im vorgeheizten Backofen 10–13 Minuten garen.

Snacks – auch zum Mitnehmen

Gemüseplatte mit Käsesauce

4 Portionen – Vegetarisch

800 g vorwiegend festkochende Kartoffeln
Salz
8 Möhren (etwa 800 g)
1 Bund Frühlingszwiebeln (etwa 250 g)
500 g Brokkoli
2 EL Sonnenblumenöl (20 g)
500 ml (½ l) Gemüsebrühe
4–5 Stängel Petersilie oder ½ EL TK-Petersilie
250 ml (¼ l) Milch
150 g Schmelzkäsezubereitung (kalorienreduziert, 10 % Fett)
2 geh. EL heller Saucenbinder (etwa 20 g)
frisch gemahlener Pfeffer
frisch geriebene Muskatnuss

Zubereitungszeit: 30 Minuten

1_ Kartoffeln schälen, abspülen, abtropfen lassen, in einen Topf geben und so viel Wasser hinzufügen, dass die Kartoffeln knapp bedeckt sind. Kartoffeln zugedeckt zum Kochen bringen. Salz hinzugeben. Kartoffeln zugedeckt in 20–25 Minuten gar kochen.

2_ Inzwischen die Möhren putzen, schälen, abspülen, gut abtropfen lassen und schräg in dünne Scheiben schneiden. Frühlingszwiebeln putzen, abspülen, abtropfen lassen, in etwa 5 cm lange Stücke schneiden. Vom Brokkoli die Blätter entfernen und die Röschen abschneiden. Röschen abspülen und abtropfen lassen.

3_ Öl in einer großen Pfanne erhitzen. Möhren und Frühlingszwiebeln darin bei mittlerer Hitze unter gelegentlichem Rühren 3-4 Minuten andünsten. Brokkoli zugeben. Gemüsebrühe hinzugießen und alles zugedeckt aufkochen lassen. Das Gemüse zugedeckt bei mittlerer Hitze etwa 10 Minuten garen.

4_ Petersilie abspülen, trocken tupfen, die Blättchen von den Stängeln zupfen und fein hacken. Gemüse mit der Schaumkelle aus dem Gemüsesud nehmen und warm stellen.

5_ Milch in den Gemüsesud einrühren. Schmelzkäse hinzugeben und unter Rühren darin schmelzen lassen. Die Sauce kurz aufkochen und mit Saucenbinder binden. Käsesauce mit Salz, Pfeffer und Muskat abschmecken. Petersilie unterrühren.

6_ Kartoffeln abgießen und mit dem Gemüse anrichten. Ein Teil der Käsesauce daraufgießen. Restliche Käsesauce dazureichen.

Pro Portion: E: 16,9 g, F: 12,1 g, Kh: 48,2 g, kJ: 1579, kcal: 376, BE: 3,0

Ernährungstipp: Kartoffeln zählen zu unseren Grundnahrungsmitteln. Sie stecken voller Vitamine, Mineralstoffe und machen schön satt. Vorwiegend festkochende Kartoffeln sind ideal als Beilage für Gerichte mit Saucen. Die Gemüsemenge in diesem Rezept entspricht pro Portion etwa 3 Handvoll Gemüse. Mit dem Verzehr von 2 weiteren Obstportionen haben Sie viel für eine ausgewogene Ernährung am Tag getan.

Variante: Für Nicht-Vegetarier gibt es pro Portion 50 g aufgerollten Lachsschinken (zusätzlich pro Portion: E: 9,1 g, F: 2,2 g, Kh: 0,4 g, kJ: 244, kcal: 58, BE: 0,0) oder 50 g Geflügelbrustaufschnitt (zusätzlich pro Portion: E: 11,5 g, F: 1,0 g, Kh: 0,5 g, kJ: 241, kcal: 57, BE: 0,0) dazu.

Hafer-Pfannkuchen-Röllchen

2 Portionen – Raffiniert - Foto

55 g Weizenmehl
15 g Haferkleieflocken
2 Eier (Größe M)
125 ml (⅛ l) Wasser
¼ TL Salz
frisch gemahlener Pfeffer

200 g Tomaten
100 g Rucola (Rauke)
1 EL Olivenöl (10 g)
50 g geraspelter, kalorienreduzierter Schafkäse (8 % Fett)

Zubereitungszeit: **30 Minuten**

1_ Mehl in eine Rührschüssel geben, Kleieflocken unterrühren. Eier mit Wasser verschlagen, mit Salz und Pfeffer würzen. Eiermischung nach und nach unter Rühren zum Mehl geben, darauf achten, dass keine Klümpchen entstehen. Teig etwa 10 Minuten quellen lassen.

2_ Tomaten abspülen, abtrocknen, vierteln und die Stängelansätze herausschneiden. Tomaten in kleine Würfel schneiden. Rucola verlesen, dicke Stängel abschneiden, Rucola waschen, trocken schleudern und in mundgerechte Stücke schneiden.

3_ Eine beschichtete Pfanne (Ø 24 cm) mit Öl auspinseln und nicht zu stark erhitzen. Aus dem Teig nacheinander 4 dünne Pfannkuchen backen, warm stellen.

4_ Die Pfannkuchen mit den Käseraspeln, Tomaten und Rucola belegen, mit Salz und Pfeffer bestreuen. Pfannkuchen aufrollen und heiß oder kalt servieren.

Pro Portion: E: 19,2 g, F: 15,2 g, Kh: 26,9 g, kJ: 1350, kcal: 322, BE: 2,0

Tipp: Die Pfannkuchen lassen sich auch gut vorbacken und ungefüllt mit ins Büro nehmen. Erst kurz vor dem Genießen mit vorbereiteten Zutaten füllen und aufrollen. Statt der Haferkleieflocken (enthalten reichlich cholesterin-regulierende Ballaststoffe und E-Vitamine) können Sie auch blütenzarte oder Instant-Haferflocken verwenden.

Vollkornbrot „rot-grün"

2 Portionen – Zum Mitnehmen

4 Scheiben Vollkornbrot mit
 Sonnenblumenkernen
 (je etwa 45 g)
2 EL fettreduzierter Frischkäse
 mit Joghurt (13 % Fett)
2 große Salatblätter
2 Möhren (je 100 g)

Zubereitungszeit: **10 Minuten**

1_ Brote mit Frischkäse bestreichen. Die Salatblätter waschen, trocken tupfen und auf je 1 Frischkäsebrot legen.

2_ Die Möhren putzen, schälen, abspülen, abtropfen lassen und der Länge nach in dünne Scheiben schneiden. Möhrenscheiben auf den Salatblättern anrichten und mit den restlichen bestrichenen Brotscheiben bedecken.

Pro Portion: E: 19,2 g, F: 15,2 g, Kh: 26,9 g, kJ: 1350, kcal: 322, BE: 2,0

Tipp: Die Möhren lassen sich am besten mit einem Sparschäler in dünne Scheiben schneiden.

Lachsbrot mit Gurke

2 Portionen – Einfach – im Foto vorn

1 kleiner Apfel (etwa 150 g, möglichst mit roter Schale)
100 g Salatgurke
4 Salatblätter (z. B. Kopf- oder Eichblattsalat)
4 Scheiben Vollkornbrot (je 45 g)
2 geh. TL geriebener Meerrettich (aus dem Glas, etwa 16 g)
150 g Räucherlachs in Scheiben
1–2 Stängel Dill
frisch gemahlener Pfeffer

Zubereitungszeit: **10 Minuten**

1_ Apfel, Gurke und Salatblätter abspülen und trocken tupfen. Apfel vierteln, entkernen und in dünne Spalten schneiden. Gurke in dünne Scheiben schneiden.

2_ Brotscheiben mit Meerrettich bestreichen. 2 bestrichene Brotscheiben mit Salatblättern, Lachsscheiben, Apfelspalten und Gurkenscheiben belegen.

3_ Dill abspülen, trocken tupfen und die Spitzen von den Stängeln zupfen, grob hacken. Brote mit Dill und Pfeffer bestreuen, mit den restlichen Brotscheiben zudecken.

Pro Portion: E: 21,8 g, F: 7,0 g, Kh: 44,3 g, kJ: 1389, kcal: 332, BE: 3,5

Tipp: Wer den typischen scharfen Meerrettichgeschmack nicht mag, kann die Brote mit 2 gehäuften Teelöffeln (etwa 15 g) Joghurt-Salat-Creme (pro Portion: E: 21,7 g, F: 8,6 g, Kh: 44,5 g, kJ: 1451, kcal: 347, BE: 3,5) bestreichen.

Ernährungstipp: Vollkornbrot ist Broten aus Weiß- oder Auszugsmehl vorzuziehen, da es durch seinen höheren Gehalt an Ballast- und Mineralstoffen zu einer gesunden Ernährung beiträgt.

Forellenfilet in Vollkornbrot

2 Portionen – Raffiniert – im Foto hinten

2 Salatblätter (z. B. Kopf- oder Römersalat)
2 geräucherte Forellenfilets (je 60–70 g)
2 große Gewürzgurken (je 100 g)
4 Scheiben Vollkornbrot (je 45 g)
2 geh. TL geriebener Meerrettich (aus dem Glas, etwa 16 g)
frisch gemahlener Pfeffer

Zubereitungszeit: **5 Minuten**

1_ Salatblätter waschen und trocken tupfen. Forellenfilets in Stücke teilen. Die Gewürzgurken längs in 3–4 Scheiben schneiden.

2_ Brotscheiben dünn mit Meerrettich bestreichen. 2 bestrichene Brotscheiben mit Salatblättern, Fischfiletstücken und Gurkenscheiben belegen. Alles mit Pfeffer bestreuen und mit den restlichen Brotscheiben zudecken, leicht andrücken.

Pro Portion: E: 21,1 g, F: 4,0 g, Kh: 36,9 g, kJ: 1155, kcal: 276, BE: 3,0

Variante: Für Makrelenfilet in Vollkornbrot (pro Portion: E: 19,9 g, F: 9,8 g, Kh: 36,9 g, kJ: 1351, kcal: 323, BE: 3,0) statt geräuchertem Forellenfilet die gleiche Menge geräucherte Makrele verwenden. Makrelenfilet ist zwar fetter als Forelle, enthält dafür aber mehr ungesättigte Fettsäuren.

Schweinesteak mit Tomaten-Oliven-Gemüse

4 Portionen – Für Gäste

4 kleine Schweinesteaks
  (je etwa 125 g, Minuten- oder
  Schmetterlingssteaks)
1 Knoblauchzehe
1 ½ EL Zitronensaft
2 geh. TL scharfer Senf (etwa 15 g)
Salz
frisch gemahlener Pfeffer
2 EL Sonnenblumenöl (20 g)
3 Zwiebeln (etwa 150 g)
4 Tomaten (etwa 400 g)
2 Dosen Kichererbsen
  (Abtropfgewicht je 265 g)
6 Stängel glatte Petersilie
75 g schwarze entsteinte Oliven,
  trocken eingelegt
etwa 1 EL Zitronensaft

Zubereitungszeit: **30 Minuten**

1_ Schweinesteaks mit Küchenpapier trocken tupfen. Knoblauch abziehen und durch eine Knoblauchpresse drücken. Zitronensaft mit Senf und Knoblauch verrühren, mit Salz und Pfeffer würzen. Steaks von beiden Seiten mit der Senfmischung bestreichen.

2_ Öl in einer großen Pfanne erhitzen. Die Steaks darin von beiden Seiten bei mittlerer bis starker Hitze jeweils 4–5 Minuten braten. Die Steaks aus der Pfanne nehmen.

3_ In der Zwischenzeit Zwiebeln abziehen und in dünne Spalten oder Ringe schneiden. Tomaten abspülen, abtrocknen, halbieren und die Stängelansätze herausschneiden. Tomaten in Spalten schneiden. Kichererbsen auf einem Sieb gut abtropfen lassen.

4_ Die Zwiebelspalten oder -ringe in dem verbliebenen Bratfett bei mittlerer Hitze in 2–3 Minuten unter gelegentlichem Rühren andünsten. Tomatenspalten und abgetropfte Kichererbsen hinzufügen, mit Salz und Pfeffer würzen. Das Gemüse zugedeckt bei mittlerer Hitze etwa 10 Minuten garen, dabei ab und zu umrühren.

5_ Inzwischen Petersilie abspülen, trocken tupfen und die Blättchen von den Stängeln zupfen. Petersilie fein hacken. Oliven und Petersilie zum Gemüse geben und unterrühren. Das Gemüse mit Salz, Pfeffer und etwas Zitronensaft abschmecken.

6_ Angebratene Steaks auf das Gemüse legen und zugedeckt bei mittlerer Hitze noch 4–5 Minuten darin erwärmen. Die Steaks mit dem Gemüse anrichten.

Pro Stück: E: 38,6 g, F: 18,6 g, Kh: 28,6 g, kJ: 1855, kcal: 443, BE: 2,0

Ernährungstipp: Kichererbsen stecken voll mit biologisch gut verwertbaren Eiweißen und Ballaststoffen. In Kombination mit fettarmen Fleisch und anderen Gemüsesorten sind sie ein Beispiel für eine ausgewogene Ernährung.

Tipp: Braten Sie die Steaks in einer Grillpfanne. Dann brauchen nur die Rippen der Grillpfanne mit etwas Speiseöl bestrichen zu werden.

Medaillons auf Bohnen-Tomaten-Gemüse

2 Portionen – Einfach

3 Stängel Thymian
150 ml Gemüsebrühe
300 g grüne TK-Bohnen
1 Lorbeerblatt
2 Schalotten
1 Knoblauchzehe
4–5 Tomaten (etwa 250 g)
300 g Schweinefilet
Salz
frisch gemahlener Pfeffer
1 TL Speiseöl (z. B. Olivenöl, 4 g)

Zubereitungszeit: 30 Minuten

1_ Die Thymianstängel abspülen und trocken tupfen. Gemüsebrühe in einem Topf zum Kochen bringen. Bohnen, Lorbeerblatt und Thymianstängel hinzufügen und etwa 10 Minuten garen.

2_ Schalotten und Knoblauch abziehen und fein würfeln. Tomaten abspülen, abtrocknen, vierteln und die Stängelansätze herausschneiden.

3_ Schweinefilet mit Küchenpapier trocken tupfen, evtl. entsehnen und entfetten. Filet in 4 Scheiben schneiden und von beiden Seiten mit Salz und Pfeffer bestreuen.

4_ Olivenöl in einer beschichteten Pfanne erhitzen. Die Fleischstücke darin von beiden Seiten je etwa 5 Minuten braten, dann herausnehmen und zugedeckt warm stellen.

5_ Schalotten- und Knoblauchwürfel im Bratensatz anbraten. Tomatenviertel hinzufügen und kurz mitbraten. Die Bohnen mit der Brühe hinzufügen und unterrühren. Bohnen-Tomaten-Gemüse einmal kurz aufkochen lassen, mit Salz und Pfeffer abschmecken.

6_ Medaillons auf Bohnen-Tomaten-Gemüse anrichten und servieren.

Pro Portion: E: 38,9 g, F: 5,8 g, Kh: 9,7 g, kJ: 1048, kcal: 250, BE: 0,8

Tipp: Wer möchte, schmeckt das Tomaten-Bohnen-Gemüse zusätzlich mit etwas Bohnenkraut ab, das leicht pfeffrig schmeckt. Wer noch eine Beilage dazu möchte, serviert Naturreis dazu. Dafür 100 g Naturreis nach Packungsanleitung zubereiten und dazu servieren (zusätzlich pro Portion: E: 3,5 g, F: 1,0 g, Kh: 37,5 g, kJ: 711, kcal: 178, BE: 3,5).

Ernährungstipp: Schweinefleisch und Naturreis sind gute Vitamin-B_1-Lieferanten. Dieses Vitamin ist für unseren Energiestoffwechsel sehr wichtig. Da der Körper dieses Vitamin nicht über einen längeren Zeitraum speichern kann, ist eine regelmäßige Zufuhr wichtig.

Saltimbocca vom Schwein mit Kartoffeln und Salat

4 Portionen – Raffiniert

1 kg festkochende Kartoffeln
1 TL Salz

400 g Schweinefilet
Salz
frisch gemahlener Pfeffer
8 Blätter frischer Salbei
8 Scheiben Parmaschinken
 (je 5 g)

600 g Zwiebeln
200 g Feldsalat
100 g Cocktailtomaten
200 g Champignons
4–6 EL Apfelessig (40–60 g)
1 TL flüssiger Honig
1 TL körniger Senf
1 EL Speiseöl (z. B. Olivenöl, 10 g)

1 EL Speiseöl (z. B. Olivenöl, 10 g)
200 ml Gemüsebrühe

Außerdem:
evtl. 8 Holzstäbchen

Zubereitungszeit: **30 Minuten**

1_ Kartoffeln schälen, abspülen und knapp mit Wasser bedeckt zum Kochen bringen. Salz hinzufügen und die Kartoffeln 20–25 Minuten kochen.

2_ In der Zwischenzeit Filet mit Küchenpapier trocken tupfen, entfetten und evtl. entsehnen. Schweinefilet in 8 gleich dicke Scheiben schneiden. Jede Scheibe flach klopfen, mit etwas Salz und Pfeffer bestreuen, mit 1 Salbeiblatt belegen und mit 1 Scheibe Schinken umwickeln, evtl. mit 1 Holzstäbchen feststecken.

3_ Zwiebeln abziehen und halbieren. 1 Zwiebelhälfte fein würfeln, die anderen in Ringe schneiden. Salat putzen, abspülen und gut abtropfen lassen. Tomaten abspülen, abtrocknen und halbieren. Champignons putzen, mit Küchenpapier abreiben, evtl. abspülen, gut abtropfen lassen und in Scheiben schneiden.

4_ Essig mit Honig, Senf und Zwiebelwürfeln verrühren, mit Salz und Pfeffer abschmecken. Öl unterschlagen. Feldsalat, Tomatenhälften und Champignonscheiben mit der Salatsauce vermischen.

5_ Öl in einer Pfanne erhitzen. Filetscheiben darin von jeder Seite 3–4 Minuten braten, herausnehmen und zugedeckt warm stellen. Zwiebelringe in die Pfanne geben, unter Rühren etwa 3 Minuten braten. Brühe hinzugießen und kurz aufkochen lassen, mit Salz und Pfeffer würzen.

6_ Kartoffeln abgießen, mit Zwiebelgemüse, Saltimbocca und Salat anrichten.

Pro Portion: E: 32,3 g, F: 8,4 g, Kh: 39,9 g, kJ: 1569, kcal: 375, BE: 2,5

Tipp: Nach Belieben das Gericht mit Salbeiblättchen garniert servieren.

Pilzpfanne mit Rinderfilet

4 Portionen – Etwas teurer

200 g Spätzle oder Nudeln
600 g Austernpilze
1 Bund Frühlingszwiebeln
   (etwa 300 g)
8–10 Stängel Thymian
400 g Rinderfilet
2 EL Olivenöl (20 g)
Salz
frisch gemahlener Pfeffer
1 Msp. gemahlener Piment
100 g saure Sahne (10 % Fett)
etwas Paprikapulver edelsüß

Zubereitungszeit: **30 Minuten**

1_ Spätzle oder Nudeln nach Packungsanleitung zubereiten, auf ein Sieb abgießen, kurz mit heißem Wasser abspülen, abtropfen lassen und evtl. warm stellen.

2_ In der Zwischenzeit die Austernpilze putzen, evtl. mit Küchenpapier abreiben und in Streifen schneiden. Frühlingszwiebeln putzen, abspülen, abtropfen lassen und in dünne Ringe schneiden. Thymian abspülen, trocken tupfen und die Stängel etwas kleiner schneiden oder die Blättchen von den Stängeln zupfen.

3_ Rinderfilet mit Küchenpapier trocken tupfen und in etwa 1 cm dicke Scheiben schneiden.

4_ Olivenöl in einer großen, beschichteten Pfanne erhitzen. Die Filetscheiben darin evtl. portionsweise von beiden Seiten je etwa 2 Minuten braten. Filetscheiben aus der Pfanne nehmen, mit Salz und Pfeffer bestreuen und zugedeckt warm stellen.

5_ Pilzstreifen und Frühlingszwiebelringe in die Pfanne geben und unter Rühren im verbliebenen Bratfett anbraten. 2 Esslöffel Wasser hinzufügen. Das Ganze etwa 3 Minuten unter Rühren garen. Pilzmischung mit Piment und Salz würzen.

6_ Saure Sahne unterrühren. Filet mit der Pilzpfanne, Spätzle oder Nudeln servieren. Die Pilzpfanne mit Thymian garnieren. Die Nudeln oder Spätzle mit etwas Paprikapulver bestreuen.

Pro Portion: E: 33,8 g, F: 13,4 g, Kh: 40,3 g, kJ: 1733, kcal: 414, BE: 3,0

Tipp: Piment, auch Nelkenpfeffer genannt, hat einen nelken- und zimtartigen Duft und einen leicht scharfen Geschmack. Bereiten Sie statt normaler Spätzle oder Nudeln Vollkornspätzle oder Vollkornnudeln zu.

Ernährungstipp: Rinderfilet ist besonders zartes und mageres Fleisch. Für unsere Ernährung kann Rindfleisch ein wichtiger Eisenlieferant sein. Eisenmangel beeinträchtigt unsere Leistungsfähigkeit und unser Immunsystem.

Putengulasch mit Sauerkraut und Möhren

4 Portionen – Beliebt

Für das Gulasch:
600 g Putenbrustfilet
1 Zwiebel
4 Möhren (etwa 400 g)
2 EL Sonnenblumenöl (20 g)
Salz
frisch gemahlener Pfeffer
Paprikapulver edelsüß
1 Dose Sauerkraut
   (Einwaage 850 g)
1 Lorbeerblatt
250 ml (¼ l) Gemüsebrühe
1 Apfel (etwa 150 g, möglichst
   rotschalig)

Für das Kartoffelpüree:
1 Beutel Instant-Kartoffelpüree
   (für 500 ml [½ l] Flüssigkeit)
375 ml (⅜ l) Wasser
etwa ½ TL Salz
125 ml (⅛ l) Milch
20 g Butter oder Margarine
1 EL gehackte TK-Petersilie
frisch geriebene Muskatnuss

Zubereitungszeit: **30 Minuten**

1_ Putenbrustfilet unter fließendem kalten Wasser abspülen und trocken tupfen. Filet in etwa 2 cm große Würfel schneiden. Zwiebel abziehen und fein würfeln. Möhren putzen, schälen, abspülen und abtropfen lassen. Möhren schräg in dünne Scheiben schneiden.

2_ Öl in einer großen Pfanne erhitzen. Die Filetwürfel darin unter gelegentlichem Rühren anbraten, mit Salz, Pfeffer und Paprika würzen. Die Fleischwürfel aus der Pfanne nehmen und beiseitestellen.

3_ Zwiebelwürfel und Möhrenscheiben im verbliebenen Bratfett unter gelegentlichem Rühren bei mittlerer Hitze etwa 3 Minuten andünsten. Sauerkraut und Lorbeerblatt hinzufügen. Gemüsebrühe hinzugießen, alles verrühren und aufkochen lassen.

4_ Die beiseitegestellten Fleischwürfel wieder in die Pfanne geben. Das Gulasch etwa 15 Minuten bei mittlerer Hitze zugedeckt köcheln lassen, bis das Fleisch gar ist.

5_ In der Zwischenzeit Kartoffelpüree nach Packungsanleitung mit Wasser, Salz, Milch, Butter oder Margarine zubereiten. Zum Schluss Petersilie unterrühren. Püree evtl. mit Salz und Muskatnuss abschmecken.

6_ Apfel abspülen, abtrocknen, vierteln, entkernen und in dünne Spalten schneiden. 5 Minuten vor dem Ende der Gulaschgarzeit zum Gulasch geben und vorsichtig unterrühren. Gulasch zugedeckt zu Ende garen. Das Lorbeerblatt entfernen. Putengulasch mit Salz und Pfeffer abschmecken, mit Kartoffelpüree servieren.

Pro Portion: E: 42,0 g, F: 12,7 g, Kh: 24,1 g, kJ: 1616, kcal: 389, BE: 1,5

Ernährungstipp: Putenbrustfilets sind mager und liefern gut verwertbares tierisches Eiweiß. Sauerkraut hat fast kein Fett, aber viele Mineralstoffe und auch Vitamine.

Asiatische Nudelpfanne

4 Portionen – Beliebt

600 g Putenschnitzel
1 TL Sambal Oelek (5 g)
5–6 EL Austernsauce
2 TL Fünf-Gewürze-Pulver

500 g Porree (Lauch)
400 g Blumenkohl
4 Möhren (je 100 g)
1 rote Pfefferschote (etwa 10 g)
2 EL Speiseöl (z. B. Olivenöl, 20 g)
Salz

100 g Glasnudeln

Zubereitungszeit: **30 Minuten**

1_ Putenschnitzel unter fließendem kalten Wasser abspülen, trocken tupfen und in feine Streifen schneiden. Sambal Oelek mit Austernsauce und Fünf-Gewürze-Pulver verrühren und mit den Fleischstreifen vermischen, kurz durchziehen lassen.

2_ In der Zwischenzeit von dem Porree die Außenblätter entfernen. Wurzelenden und dunkles Grün abschneiden, die Stangen seitlich einschneiden. Von dem Blumenkohl die Blätter und die schlechten Stellen entfernen. Den Strunk abschneiden und den Blumenkohl in Röschen teilen.

3_ Möhren putzen und schälen. Pfefferschote halbieren, entstielen und entkernen. Gemüse abspülen, abtropfen lassen und in feine Streifen schneiden.

4_ Das Öl in einem Wok oder in einer großen Pfanne erhitzen. Zuerst das Fleisch mit der Gewürzmarinade darin unter Rühren etwa 2 Minuten braten. Dann das Fleisch herausnehmen.

5_ Gemüsestreifen in den Wok oder die Pfanne geben, unter Rühren etwa 1 Minute braten. Anschließend die Fleischstreifen wieder hinzugeben, alles etwa 2 Minuten unter Rühren garen und mit Salz würzen.

6_ Die Glasnudeln nach Packungsanleitung zubereiten und in die Fleisch-Gemüse-Mischung rühren.

Pro Portion: E: 41,6 g, F: 7,3 g, Kh: 34,7 g, kJ: 1574, kcal: 375, BE: 2,5

Tipp: Austernsauce, Fünf-Gewürze-Pulver, Sambal Oelek und Glasnudeln finden Sie in Spezialitätenabteilungen von Supermärkten. Sie können die Austernsauce auch durch Sojasauce ersetzen.

Fleisch – auf leichte Art

Putenröllchen mit Brokkoli-Nudeln

4 Portionen – Für Kinder

4 dünne Putenschnitzel
  (je 125 g)
Salz
frisch gemahlener Pfeffer
4 EL Tomatenmark
etwa 16 vorbereitete Basilikumblättchen
1 EL Speiseöl (z. B. Olivenöl, 10 g)
2 Zwiebeln (100 g)
3 Lorbeerblätter
400 ml Gemüsebrühe
1 Dose passierte Tomaten
  (Einwage 212 ml)
300 g Brokkoli
500 ml (½ l) Wasser
2 gestr. TL Salz

2 l Wasser
2 TL Salz
200 g Hartweizennudeln
  (z. B. Spirelli)

Außerdem:
4 Rouladennadeln oder
  Holzstäbchen

Zubereitungszeit: **25 Minuten**

1_ Putenschnitzel unter fließendem kalten Wasser abspülen, trocken tupfen und mit Salz und Pfeffer bestreuen. Die Schnitzel dünn mit etwas Tomatenmark bestreichen und mit je 3 Basilikumblättchen belegen. Schnitzel von der schmalen Seite aus aufrollen und mit Rouladennadeln oder Holzstäbchen feststecken.

2_ Öl in einer Pfanne erhitzen und Putenröllchen darin rundum knusprig anbraten. Zwiebeln abziehen, halbieren, fein würfeln und mit den Lorbeerblättern in die Pfanne geben. Unter Rühren kurz mit anbraten. Brühe hinzugießen. Passierte Tomaten und restliches Tomatenmark einrühren und alles etwa 6 Minuten zugedeckt köcheln lassen.

3_ Brokkoli putzen, in Röschen teilen, abspülen und abtropfen lassen. Wasser mit Salz zum Kochen bringen. Die Brokkoliröschen darin etwa 5 Minuten kochen. Dann die Brokkoliröschen abgießen und zugedeckt warm stellen.

4_ In der Zwischenzeit das Wasser in einem großen Topf zugedeckt zum Kochen bringen. Dann Salz und Nudeln zugeben und die Nudeln im geöffneten Topf bei mittlerer Hitze nach Packungsanleitung bissfest kochen, dabei gelegentlich umrühren.

5_ Anschließend die Nudeln auf ein Sieb geben und abtropfen lassen.

6_ Die Nudeln mit Brokkoli mischen und evtl. warm stellen.

7_ Lorbeerblätter aus der Sauce nehmen. Sauce mit Salz und Pfeffer abschmecken.

8_ Die Putenröllchen mit den Brokkoli-Nudeln und der Sauce anrichten, mit den restlichen Basilikumblättchen garniert servieren.

Pro Portion: E: 40,3 g, F: 4,2 g, Kh: 42,3 g, kJ: 1567, kcal: 375, BE: 3,5

Hähnchenfilet auf buntem Gemüse

2 Portionen – Beliebt – einfach

2 Hähnchenbrustfilets
  (je etwa 150 g)
Salz
frisch gemahlener Pfeffer
1 EL Olivenöl (10 g)
1 Knoblauchzehe
1 Zwiebel
1 gelbe Paprikaschote (etwa 200 g)
1 Aubergine (etwa 400 g)
3–4 Tomaten (etwa 200 g)
4 Stängel Majoran oder Basilikum
1 TL Weißweinessig (etwa 5 g)
½ TL Zucker (etwa 3 g)
1 TL getrocknete oder TK-Kräuter
  der Provence

Zubereitungszeit: 25 Minuten

1_ Die Hähnchenbrustfilets unter fließendem kalten Wasser abspülen, trocken tupfen und mit Salz und Pfeffer bestreuen. Olivenöl in einer beschichteten Pfanne erhitzen. Hähnchenfilets darin rundherum gut anbraten, dann bei mittlerer bis starker Hitze etwa 10 Minuten garen, dabei 1–2-mal wenden.

2_ In der Zwischenzeit Knoblauch und Zwiebel abziehen und fein würfeln. Paprikaschote halbieren, entstielen, entkernen und die weißen Scheidewände entfernen. Schotenhälften abspülen, abtropfen lassen und in dünne Streifen schneiden.

3_ Aubergine und Tomaten abspülen und abtrocknen. Von der Aubergine die Enden abschneiden. Aubergine in kleine Würfel schneiden. Tomaten vierteln und die Stängelansätze herausschneiden. Tomaten in Stücke schneiden. Kräuter abspülen, trocken tupfen und die Blättchen von den Stängeln zupfen.

4_ Hähnchenbrustfilets aus der Pfanne nehmen und warm stellen.

5_ Knoblauch- und Zwiebelwürfel im Bratensatz andünsten. Vorbereitetes Gemüse hinzufügen und unter Rühren kurz anbraten. Dann zugedeckt 5–8 Minuten garen, dabei gelegentlich umrühren. Gemüse mit Essig, Zucker, Kräutern der Provence, Salz und Pfeffer würzen. Kräuterblättchen unterrühren.

6_ Warm gestelltes Hähnchenbrustfilet in Scheiben schneiden und auf dem Gemüse anrichten.

Pro Portion: E: 39,7 g, F: 6,8 g, Kh: 14,0 g, kJ: 1179, kcal: 281, BE: 0,5

Ernährungstipp: Hähnchenbrustfilet (ohne Haut) ist relativ eiweißreich und gleichzeitig fettarm. Es sollte wie jedes andere Geflügelfleisch nur gut durchgegart verzehrt werden.

Variante: Für Hähnchenfilet mit Tomatensauce (2 Portionen, pro Portion: E: 38,4 g, F: 6,9 g, Kh: 10,5 g, kJ: 1101, kcal: 263, BE: 0,0) das Hähnchenbrustfilet wie beschrieben zubereiten und zugedeckt warm stellen. Eine fein gewürfelte Zwiebel im Bratensatz andünsten. Etwa 75 g fein gewürfelte, rote Paprikaschote und etwa 50 g fein gewürfelte Möhren hinzugeben, mit andünsten. Dann 400 g gehäutete, gewürfelte Tomaten und 1–2 in feine Streifen geschnittene kleine Gewürzgurken (etwa 20 g) unterrühren. Die Sauce zugedeckt etwa 3 Minuten garen, mit Salz, Pfeffer, Cayennepfeffer und Majoran würzen.

Kräuter-Schollenfilets auf Tomaten

4 Portionen – Etwas teurer

1 kg festkochende Kartoffeln
1 TL Salz
1 Bund Kerbel
1 Bund glatte Petersilie
2 Stängel Dill
8 Schollenfilets oder aufgetaute TK-Schollenfilets (je etwa 80 g)
Saft von ½ Zitrone
frisch gemahlener Pfeffer
500 g Mini-Rispen-Tomaten
30 g Kräuterbutter
2–3 EL Gemüsebrühe

Außerdem:
evtl. 8 Holzstäbchen

Zubereitungszeit: **30 Minuten**
Garzeit für den Fisch:
15–18 Minuten

1_ Den Backofen vorheizen.
Ober-/Unterhitze: etwa 200 °C
Heißluft: etwa 180 °C

2_ Kartoffeln schälen, abspülen und abtropfen lassen. Die Kartoffeln in einen Topf geben und so viel Wasser hinzufügen, dass die Kartoffeln knapp bedeckt sind. Kartoffeln zugedeckt zum Kochen bringen. Salz hinzugeben und die Kartoffeln zugedeckt in 20–25 Minuten gar kochen.

3_ Inzwischen Kerbel, Petersilie und Dill abspülen und trocken tupfen. Die Blättchen und Spitzen von den Stängeln zupfen. Blättchen und Spitzen fein hacken. Kräuter vermischen.

4_ Schollenfilets unter fließendem kalten Wasser abspülen, trocken tupfen, von beiden Seiten mit Zitronensaft beträufeln und mit Salz und Pfeffer würzen. Die Fischfilets auf der Arbeitsfläche auslegen. Die Hälfte der Kräuter daraufstreuen. Fischfilets aufrollen und evtl. mit Holzstäbchen feststecken.

5_ Tomaten abspülen, trocken tupfen und vierteln, dabei evtl. die Stängelansätze herausschneiden. Die Tomaten in eine Auflaufform (gefettet) geben, mit Salz und Pfeffer kräftig würzen. Die Hälfte der restlichen Kräuter daraufstreuen.

6_ Die Schollenfiletröllchen daraufsetzen und mit den restlichen Kräutern bestreuen. Kräuterbutter in Flöckchen auf die Fischfilets setzen. Gemüsebrühe zugeben. Die Form auf dem Rost im unteren Drittel in den vorgeheizten Backofen schieben. Die Fischröllchen **15–18 Minuten garen.**

7_ Kartoffeln abgießen und zu den Kräuter-Schollenfilets servieren.

Pro Portion: E: 34,3 g, F: 9,3 g, Kh: 33,7 g, kJ: 1526, kcal: 365, BE: 2,5

Tipp: Frische Schollenfilets sind meist länger und dünner geschnitten als TK-Filets. Sie lassen sich daher leicht aufrollen. TK-Schollenfilets stattdessen einfach zusammenklappen und mit Holzstäbchen feststecken. Statt Schollenfilets können Sie auch Atlantik-Seezungen- oder Seelachsfilets verwenden. Noch schneller geht es, wenn Sie statt frischer Kräuter 50 g TK-Kräuter verwenden.

Ernährungstipp: Schollenfilet zählt zu den mageren Fischfilets (100 g Schollenfilet enthält nur etwa 2 g Fett, aber etwa 17 g Eiweiß). Die Scholle gehört zu den bekanntesten Vertretern der sogenannten Plattfische. Die Kräuterbutter verhindert in diesem Rezept, dass der Fisch zu trocken wird. Außerdem harmoniert sie prima mit den Tomaten und hilft uns, fettlösliche Vitamine aufzunehmen.

Lachswürfel auf Erbsenpüree

2 Portionen – Raffiniert – für Gäste

400 g TK-Erbsen
Salz
½ Bund Minze
frisch gemahlener Pfeffer

Für die Lachswürfel:
300 g Lachsfilet
1 Knoblauchzehe
1 EL Speiseöl
(z. B. Sonnenblumenöl, 10 g)
Saft von ½ Zitrone

Zubereitungszeit: **20 Minuten**

1_ Erbsen nach Packungsanleitung in etwas Salzwasser garen, bis sie weich sind.

2_ In der Zwischenzeit Minze abspülen und trocken tupfen. Einige Minzeblättchen zum Garnieren beiseitelegen. Restliche Blättchen von den Stängeln zupfen und in feine Streifen schneiden.

3_ Erbsen abgießen, dabei etwa 2 Esslöffel des Kochwassers auffangen und 1 Esslöffel Erbsen zum Garnieren beiseitestellen. Restliche Erbsen mit dem aufgefangenen Kochwasser in einen hohen Rührbecher geben. Die Erbsen grob pürieren. Erbsenpüree mit Salz und Pfeffer würzen und zugedeckt warm stellen.

4_ Für die Lachswürfel Lachsfilet unter fließendem kalten Wasser abspülen, trocken tupfen und in etwa 2 cm große Würfel schneiden. Knoblauch abziehen und in Scheiben schneiden.

5_ Öl in einer beschichteten Pfanne erhitzen. Knoblauch darin anbraten, dann die Lachswürfel hinzugeben und unter mehrmaligem Wenden etwa 3 Minuten kräftig anbraten. Die Lachswürfel mit Salz und Pfeffer würzen, mit Zitronensaft beträufeln und auf Küchenpapier gut abtropfen lassen.

6_ Die Minzestreifen unter das warm gestellte Erbsenpüree rühren. Das Püree auf Tellern verteilen. Die Lachswürfel daraufsetzen, mit den beiseitegelegten Minzeblättern und gegarten Erbsen garnieren.

Pro Portion: E: 42,0 g, F: 12,6 g, Kh: 26,0 g, kJ: 1632, kcal: 390, BE: 2,0

Tipp: Das Gericht eignet sich auch gut als Vorspeise für 4 Personen. Besonders dekorativ sieht es dann aus, wenn Sie das Gericht mit gebratenen Chilischoten anrichten. Für Vorspeiseteller 2 rote Chilischoten abspülen, abtrocknen und vorsichtig so längs halbieren, dass der Stiel mit dran bleibt. Dann die Chilihälften mit dem Knoblauch im Öl anbraten.

Ernährungstipp: Die Zufuhr von Omega-3-Fettsäuren ist für unseren Körper sehr wichtig, da wir diese nicht selber bilden können. Lachs ist ein guter Lieferant dieser essenziellen Fettsäure, die uns unter anderem vor Herz-Kreislauf-Erkrankungen schützen kann. Die Kombination von Lachs mit Erbsenpüree ist eine gute Eiweiß- und Ballaststoffquelle.

Seelachsfilet mit Ofentomaten

4 Portionen – Einfach

400 g Cocktailtomaten
3 EL Olivenöl (30 g)
frisch gemahlener Pfeffer
Salz

4 Seelachsfilets (je etwa 150 g)
2 EL Olivenöl (20 g)
8 dünne Scheiben Pancetta
   (italienischer Bauchspeck,
   etwa 80 g)
10 g Butter
einige Stängel Basilikum

Zubereitungszeit: **25 Minuten**
Garzeit: **etwa 15 Minuten**

1_ Den Backofen vorheizen.
   Ober-/Unterhitze: etwa 160 °C
   Heißluft: etwa 140 °C

2_ Die Cocktailtomaten abspülen, abtropfen lassen, halbieren und evtl. die Stängelansätze herausschneiden. Die Tomatenhälften auf einem Backblech (gefettet) verteilen.

3_ Die Tomaten mit Olivenöl beträufeln und mit Pfeffer und Salz bestreuen. Das Backblech auf mittlerer Einschubleiste in den vorgeheizten Backofen schieben. Die Tomaten **etwa 15 Minuten garen.**

4_ In der Zwischenzeit Fischfilets unter fließendem kalten Wasser abspülen, trocken tupfen und mit Pfeffer und ein wenig Salz (da der Speck salzig ist) bestreuen.

5_ Öl in einer Pfanne erhitzen. Die Speckscheiben darin kross ausbraten, dann aus der Pfanne nehmen und auf Küchenpapier legen.

6_ Die Butter zum Bratfett in die Pfanne geben. Fischstücke darin von jeder Seite etwa 4 Minuten braten.

7_ Basilikum abspülen, abtropfen lassen und die Blättchen von den Stängeln zupfen. Fischfilet mit dem krossen Speck und den Ofentomaten auf vorgewärmten Teller anrichten. Tomaten mit Basilikumblättern bestreuen.

Pro Portion: E: 31,6 g, F: 14,8 g, Kh: 2,6 g, kJ: 1132, kcal: 270, BE: 0,0

Beilage: Servieren Sie dazu frisch getoastete Scheiben Ciabatta-Brot (250 g in Scheiben geschnitten, zusätzlich pro Portion: E: 6,3 g, F: 0,6 g, Kh: 32,5 g, kJ: 682, kcal: 161, BE: 2,5).

Fischrouladen in Tomatensauce

4 Portionen – Etwas Besonderes

4 Scheiben Seelachsfilet
  (je etwa 150 g)
Saft von ½ Zitrone
Salz
4 gestr. TL mittelscharfer Senf
1 EL gehackte TK-Petersilie
4 kleine Scheiben Gouda-Käse
  (etwa 100 g)
4 kleine Gewürzgurken
20 g Butter
200 ml Gemüsebrühe

Für die Sauce:
1 Dose stückige Tomaten (400 g)
frisch gemahlener Pfeffer
1 TL gerebelter Oregano
½ TL Zucker

Außerdem:
8 Holzstäbchen oder Küchengarn

Zubereitungszeit: 25 Minuten
Garzeit: etwa 10 Minuten

1_ Die Fischfilets unter fließendem kalten Wasser abspülen, trocken tupfen, mit Zitronensaft beträufeln und mit Salz bestreuen. Die Filets (mit der silbrig glänzenden Seite nach unten) auf eine Arbeitsfläche legen und dünn mit Senf bestreichen. Die Petersilie daraufstreuen.

2_ Käse und Gurken in schmale Streifen schneiden und gleichmäßig auf den Fischfilets verteilen. Die Filets vorsichtig von der schmalen Seite aus aufrollen und mit je 2 Holzstäbchen feststecken oder mit Küchengarn verschnüren.

3_ Die Butter in einer großen Pfanne zerlassen. Die Fischrouladen vorsichtig von allen Seiten darin anbraten. Gemüsebrühe hinzugießen und zum Kochen bringen. Die Fischrouladen bei schwacher Hitze in etwa 7 Minuten gar ziehen lassen, dabei die Fischrouladen 1-mal vorsichtig wenden.

4_ Die garen Rouladen herausnehmen, auf eine vorgewärmte Platte legen und zugedeckt warm stellen.

5_ Für die Sauce den Fischsud 2–4 Minuten kochen lassen, sodass die Sauce um etwa die Hälfte einkocht. Stückige Tomaten unterrühren, kurz aufkochen. Die Sauce mit Salz, Pfeffer, Oregano und Zucker würzen, noch etwa 3 Minuten köcheln lassen. Die Fischrouladen mit der Sauce servieren.

Pro Portion: E: 35,6 g, F: 13,3 g, Kh: 4,4 g, kJ: 1197, kcal: 285, BE: 0,5

Tipp: Servieren Sie noch Naturreis dazu. Dafür 200 g Reis nach Packungsanleitung zubereiten (zusätzlich pro Portion: E: 3,6 g, F: 1,1 g, Kh: 37,0 g, kJ: 732, kcal: 173, BE: 3,0).

Seelachs auf Zitronenspinat mit Möhrenreis

4 Portionen – Raffiniert

600 g TK-Blattspinat
200 ml Gemüsebrühe
Salz
frisch geriebene Muskatnuss
4 Möhren (etwa 400 g)
1 Zitrone
600 g Seelachsfilet oder
 4 Seelachsfilets (je etwa 150 g)
frisch gemahlener Pfeffer
10 g Butter
2 EL Speiseöl
 (z. B. Sonnenblumenöl, 20 g)
160 g Langkornreis
1 Zitrone
400 ml Gemüsebrühe

Zubereitungszeit: **30 Minuten**
Garzeit: **etwa 15 Minuten**

1_ Den Backofen vorheizen.
Ober-/Unterhitze: etwa 200 °C
Heißluft: etwa 180 °C

2_ Den Spinat mit der Brühe in einem Topf unter gelegentlichem Rühren bei mittlerer Hitze erwärmen, bis der Spinat aufgetaut ist. Spinat mit Salz und Muskat würzen.

3_ In der Zwischenzeit Möhren putzen, schälen, abspülen, abtropfen lassen und fein würfeln. Zitrone so schälen, dass die weiße Haut mitentfernt wird, und in Scheiben schneiden.

4_ Spinat in einer großen Auflaufform (gefettet) verteilen. Zitronenscheiben darauflegen.

5_ Fischfilet unter fließendem kalten Wasser abspülen, trocken tupfen, mit Salz und Pfeffer bestreuen und in die Auflaufform legen. Butter zerlassen und den Fisch damit bestreichen.

6_ Die Form auf dem Rost im unteren Drittel in den vorgeheizten Backofen schieben. Seelachs auf Spinat **etwa 15 Minuten garen.**

7_ Öl in einem Topf erhitzen. Möhrenwürfel und Reis hinzufügen und unter Rühren bei mittlerer Hitze kurz andünsten. Zitrone halbieren und auspressen. Brühe mit Zitronensaft verrühren, zur Möhren-Reis-Mischung gießen, unter gelegentlichem Rühren zum Kochen bringen. Den Reis bei schwacher Hitze zugedeckt in etwa 15 Minuten ausquellen lassen.

8_ Seelachs mit Zitronenspinat und Möhrenreis servieren.

Pro Portion: E: 35,7 g, F: 10,6 g, Kh: 37,8 g, kJ: 1679, kcal: 401, BE: 3,0

Tipp: Nach Belieben können Sie das Gericht zusätzlich mit Zitronenschalenstreifen garnieren. Dazu eine unbehandelte Bio-Zitrone einkaufen. Diese vor dem Schälen heiß abwaschen und abtrocknen. Die dünn abgeschälte Schale in feine Streifen schneiden.

Ernährungstipp: Seelachs gehört in der Gruppe der Salzwasserfische zu den fettarmen Fischen. 100 g von seinem Filet haben nur knapp 1 g Fett. So ist er gut für eine fettarme Ernährung geeignet. Das Spurenelement Jod, das die Funktion der Schilddrüse unterstützt, nehmen wir mit dem Verzehr von Seelachs ebenfalls zu uns.

Tomatenfisch auf Gurkengemüse

4 Portionen – Raffiniert

4 Pangasius- oder Seelachsfilets
  (je etwa 150 g)
1 Zwiebel (65 g)
1 Knoblauchzehe
2 Tomaten (etwa 200 g)
2 Salatgurken (etwa 800 g)
2 EL Speiseöl
  (z. B. Sonnenblumenöl, 20 g)
Salz
frisch gemahlener Pfeffer
40 g geriebener Parmesan-Käse
einige Dillspitzen

Außerdem:
1 Stück Bratschlauch (etwa 60 cm)

Zubereitungszeit: **25 Minuten**
Garzeit: **etwa 20 Minuten**

1_ Filets unter fließendem kalten Wasser abspülen und trocken tupfen. Zwiebel und Knoblauch abziehen und fein würfeln. Tomaten abspülen, abtrocknen und die Stängelansätze herausschneiden. Tomaten in Scheiben schneiden.

2_ Gurken schälen oder abspülen und abtrocknen, die Enden abschneiden. Gurken längs halbieren. Kerne mit einem Teelöffel herausschaben und Gurken in schmale Streifen schneiden.

3_ Den Backofen vorheizen.
Ober-/Unterhitze: etwa 200 °C
Heißluft: etwa 180 °C

4_ Öl in einem Topf erhitzen und Zwiebel- und Knoblauchwürfel darin andünsten. Gurkenstreifen hinzufügen, kurz mitdünsten, dabei ab und zu umrühren. Gurkengemüse mit Salz und Pfeffer würzen.

5_ Dann den Bratschlauch an einer Seite verschließen (Packungsanleitung beachten) und auf ein Backblech legen. Gurkengemüse in den Bratschlauch legen. Die Fischfilets mit Salz und Pfeffer würzen und auf das Gemüse legen. Tomatenscheiben darauf verteilen und mit Käse bestreuen.

6_ Zweite Seite des Bratschlauchs fest verschließen und nach Packungsanleitung einschneiden. Das Backblech im unteren Drittel in den vorgeheizten Backofen schieben. Den Tomatenfisch mit dem Gurkengemüse **etwa 20 Minuten garen,** bis der Fisch gar und der Käse zerlaufen ist.

7_ Dillspitzen abspülen und trocken tupfen. Den Bratschlauch vorsichtig aufschneiden. Den Tomatenfisch auf Gurkengemüse anrichten und mit Dill bestreut servieren.

Pro Portion: E: 29,3 g, F: 10,8 g, Kh: 4,7 g, kJ: 995, kcal: 237, BE: 0,0

Beilage: Dazu können Sie etwa 250 g frisches Baguette (zusätzlich pro Portion: E: 4,6 g, F: 0,8 g, Kh: 31,7 g, kJ: 649, kcal: 155, BE: 2,5) oder 750 g Salzkartoffeln (zusätzlich pro Portion: E: 3,7 g, F: 0,2 g, Kh: 26,7 g, kJ: 538, kcal: 129, BE: 2,0) reichen.

Tipp: Wer keine Extra-Beilage reichen möchte, bereitet einfach mehr Gurkengemüse zu. Dann insgesamt 3 Salatgurken (etwa 1,2 kg, pro Portion: E: 29,7 g, F: 11,0 g, Kh: 5,9 g, kJ: 1031, kcal: 246, BE: 0,0) zubereiten. Beim Garen im Bratschlauch können Sie fast ganz auf Fett verzichten, trotzdem gart alles aromatisch und saftig.

Kartoffel-Ei-Curry mit Erbsen

4 Portionen – Preiswert – vegetarisch

600 g kleine Kartoffeln
1 Zwiebel
25 g Butter oder Margarine
25 g Weizenmehl
1–2 TL Currypulver
300 ml Gemüsebrühe
250 ml (¼ l) fettarme Milch (1,5 % Fett)
300 g TK-Möhren-Erbsen-Mischung
4–6 Eier (Größe M)
Salz
frisch gemahlener Pfeffer

Zubereitungszeit: **30 Minuten**

1_ Kartoffeln unter fließendem kalten Wasser gründlich waschen, evtl. abbürsten. Kartoffeln in einem Topf knapp mit Wasser bedeckt zum Kochen bringen und zugedeckt 15–18 Minuten garen.

2_ In der Zwischenzeit Zwiebel abziehen und in kleine Würfel schneiden. Butter oder Margarine in einem Topf zerlassen. Zwiebelwürfel darin glasig dünsten. Mehl hinzufügen und unter Rühren so lange erhitzen, bis es hellgelb ist, Curry unterrühren. Brühe und Milch hinzugießen und mit einem Schneebesen durchschlagen. Dabei darauf achten, dass keine Klümpchen entstehen.

3_ TK-Möhren-Erbsen-Mischung hinzugeben, zum Kochen bringen und 5–8 Minuten bei schwacher Hitze kochen lassen, dabei gelegentlich umrühren.

4_ Kartoffeln abgießen, abdämpfen, leicht abkühlen lassen und pellen. Kartoffeln halbieren.

5_ Eier in kochendem Wasser etwa 8 Minuten hart kochen, dann die Eier mit kaltem Wasser abschrecken.

6_ Die Sauce mit Salz, Pfeffer und evtl. noch etwas Curry abschmecken. Kartoffelhälften unter die Sauce rühren und etwa 4 Minuten miterhitzen.

7_ Eier schälen und halbieren. Kartoffel-Curry mit den Eierhälften anrichten.

Pro Portion: E: 17,3 g, F: 14,8 g, Kh: 33,1 g, kJ: 1421, kcal: 339, BE: 2,5

Ernährungstipp: Die biologische Wertigkeit eines Hühnereis ist besonders hoch. Außer Vitamin C sind alle Vitamine, Eisen, Kalzium und Selen enthalten. Ein Ei liefert etwa 80 kcal. In folgende Gewichtsklassen sind Eier eingeteilt: S (klein): unter 53 g, M (mittel): 53 bis unter 63 g, L (groß): 63 bis unter 73 g, XL (sehr groß): 73 g und darüber.

Ratatouille mit Vollkornnudeln

2 Portionen – Titelrezept – für Kinder

1 Aubergine (300 g)
1 Zucchini (200 g)
je ½ rote und grüne Paprikaschote (200 g)
2 Tomaten (etwa 150 g)
100 g Champignons
2 Zwiebeln (130 g)
2 Knoblauchzehen

1 l Wasser
1 gestr. TL Salz
100 g Vollkorn-Spiralnudeln

1–2 EL Olivenöl (10–20 g)
4 Stängel Thymian
4 Stängel Rosmarin
frisch gemahlener Pfeffer

Zubereitungszeit: **30 Minuten**

1_ Aubergine und Zucchini abspülen, abtrocknen und die Enden abschneiden. Paprikahälften entstielen, entkernen und die weißen Scheidewände entfernen. Paprika und Tomaten abspülen und abtropfen lassen. Tomaten halbieren und Stängelansätze herausschneiden. Gemüse in größere Stücke schneiden.

2_ Champignons putzen, mit Küchenpapier abreiben, evtl. abspülen, abtropfen lassen und in Scheiben schneiden. Zwiebeln und Knoblauch abziehen und in Würfel schneiden.

3_ Wasser in einem Topf zugedeckt zum Kochen bringen. Dann Salz und Nudeln hinzufügen und die Nudeln im geöffneten Topf bei mittlerer Hitze nach Packungsanleitung kochen lassen, dabei gelegentlich umrühren.

4_ Öl in einer großen Pfanne erhitzen und Zwiebel- und Knoblauchwürfel darin andünsten. Dann Champignonscheiben, Zucchini-, Auberginen- und Paprikastücke unter Rühren nacheinander kurz anbraten. Tomatenstücke hinzufügen und das Ganze 5–10 Minuten garen.

5_ Kräuterstängel abspülen, trocken tupfen und die Blättchen und Nadeln von den Stängeln zupfen. Das Ratatouille mit Salz, Pfeffer und Kräutern würzen.

6_ Vollkornnudeln auf ein Sieb geben, abtropfen lassen und mit Ratatouille servieren.

Pro Portion: E: 13,4 g, F: 9,8 g, Kh: 48,7 g, kJ: 1421, kcal: 337, BE: 3,0

Ernährungstipp: Zucchini enthalten pro 100 g nur 27 kcal, dafür aber viel Kalium, Magnesium und Eisen, Provitamin A und Vitamin B_1.

Gebratener Chinakohl
4 Portionen – Mit Alkohol

1 Chinakohl (etwa 1,3 kg)
1 Bund Frühlingszwiebeln (etwa 200 g)
2 Knoblauchzehen
2 rote Paprikaschoten (je etwa 200 g)
7–8 EL Sherry (etwa 80 ml)
2 EL Weißweinessig (20 g)
6–7 EL Orangensaft (75 ml)
3 EL Sojasauce (etwa 30 g)
1 TL Sambal Oelek (5 g)
1 EL Speisestärke (etwa 7 g)
3 EL Erdnussöl (30 g)
½–1 EL dunkles Sesamöl (10 g)
Salz

Zubereitungszeit: 30 Minuten

1_ Von dem Chinakohl die äußeren welken Blätter entfernen. Chinakohl vierteln und den Strunk herausschneiden. Chinakohl abspülen, gut abtropfen lassen und in schmale Streifen schneiden.

2_ Frühlingszwiebeln putzen, abspülen, abtropfen lassen und schräg in 2 cm lange Stücke schneiden. Knoblauch abziehen und in feine Würfel schneiden.

3_ Paprikaschoten halbieren, entstielen, entkernen und die weißen Scheidewände entfernen. Die Schotenhälften abspülen, abtropfen lassen und in Streifen schneiden.

4_ Sherry mit Weinessig, Orangensaft, Sojasauce, Sambal Oelek und Speisestärke verrühren.

5_ Erdnussöl in einem Wok oder einer großen Pfanne erhitzen. Zuerst die Chinakohlstreifen unter Rühren etwa 3 Minuten anbraten. Frühlingszwiebeln, Knoblauchwürfel und Paprikastreifen unterrühren und alles etwa 2 Minuten mitbraten.

6_ Die Sherrymischung hinzugießen, das Ganze kurz aufkochen lassen, mit Sesamöl und Salz abschmecken und servieren.

Pro Portion: E: 5,4 g, F: 11,6 g, Kh: 15,3 g, kJ: 898, kcal: 216, BE: 1,0

Ernährungstipp: Chinakohl wird hauptsächlich von August bis März angeboten. Er ist ein Vertreter der sogenannten grünen Blattgemüse. Diese sind auch Vitamin K-Lieferanten. Vitamin K ist wichtig für die Blutgerinnung. Es ist ein fettlösliches Vitamin, welches relativ unempfindlich gegenüber Hitze und Sauerstoff ist. Es wird jedoch durch Licht (UV-Strahlen) zerstört. Deshalb das Gemüse möglichst dunkel lagern. Andere grüne Blattgemüse sind z. B. Spinat, Wirsing oder Grünkohl.

Beilage: Dazu Reis, z. B. Basmatireis, servieren. Pro Person jeweils 50 g einplanen (zusätzlich pro Portion: E: 4,3 g, F: 0,3 g, Kh: 38,0 g, kJ: 731, kcal: 172, BE: 3,0).

Blumenkohlcurry mit Reis

4 Portionen – Raffiniert

125 g Naturreis
800 g Blumenkohl
200 g Porree (Lauch)
2 Möhren (200 g)
1 Schalotte (25 g)
1 rote Pfefferschote (10 g)
20 g Joghurt-Butter
½ TL Salz
2 gestr. TL Currypulver
1 TL gemahlener Piment
Saft von 1 Zitrone (50–60 ml)
6 EL Wasser
1–2 TL Honig (etwa 150 g)
4 Eier (Größe M)
300 g fettarmer Naturjoghurt (1,5 % Fett)

Zubereitungszeit: **30 Minuten**

1_ Naturreis nach Packungsanleitung zubereiten.

2_ In der Zwischenzeit vom Blumenkohl die Blätter entfernen und den Strunk abschneiden. Den Blumenkohl in kleine Röschen teilen, die Stiele kreuzweise einschneiden, Blumenkohl abspülen und abtropfen lassen.

3_ Porree putzen, die Stange längs halbieren, gründlich waschen und abtropfen lassen. Möhren putzen, schälen, abspülen und abtropfen lassen. Gemüse in dünne Scheiben schneiden.

4_ Schalotte abziehen und fein würfeln. Pfefferschote halbieren, entstielen, entkernen und die Scheidewände entfernen. Schote abspülen, abtropfen lassen und in feine Streifen schneiden.

5_ Joghurt-Butter in einem großen Topf zerlassen und Schalottenwürfel und Pfefferschotenstreifen darin andünsten. Gemüsescheiben hinzufügen und unter Rühren ebenfalls kurz andünsten, Blumenkohlröschen hinzugeben. Salz, Currypulver und Piment unterrühren. Zitronensaft, Wasser und Honig hinzufügen und unter gelegentlichem Rühren etwa 10 Minuten dünsten lassen.

6_ Eier in kochendes Wasser geben, etwa 6 Minuten kochen lassen. Dann mit kaltem Wasser abschrecken und schälen. Eier vierteln.

7_ Joghurt unter das Blumenkohlcurry rühren (das Curry nicht mehr kochen lassen) und evtl. nochmals mit den Gewürzen abschmecken.

8_ Reis auf einem Sieb abtropfen lassen. Blumenkohlcurry mit Reis und Eiervierteln servieren.

Pro Portion: E: 16,4 g, F: 12,0 g, Kh: 37,7 g, kJ: 1373, kcal: 333, BE: 3,0

Ernährungstipp: Blumenkohl enthält wenig Kohlenhydrate, dafür aber wichtige Mineralstoffe wie Kalium und die Vitamine K, C und Folsäure. 100 g Blumenkohl liefern nur 23 kcal.

Erbsen-Paprika-Gemüse mit Hirse
4 Portionen – Preiswert

250 g Hirse
500 ml (½ l) Wasser
½ TL Salz
250 ml (¼ l) Wasser
½ TL Salz
600 g TK-Erbsen
1 Zwiebel (etwa 65 g)
2 rote Paprikaschoten
   (je etwa 200 g)
1 Bund Frühlingszwiebeln
   (etwa 250 g)
6 Stängel glatte Petersilie oder
   1 EL TK-Petersilie
1 EL Speiseöl (z. B. Rapsöl, 10 g)
1–1 ½ EL Zitronensaft
1 Msp. Currypulver
Cayennepfeffer

Zubereitungszeit: 30 Minuten

1_ Hirse mit Wasser zugedeckt in einem Topf zum Kochen bringen. Salz unterrühren. Hirse etwa 5 Minuten bei mittlerer Hitze köcheln lassen. Dann bei schwacher Hitze etwa 10 Minuten ausquellen lassen.

2_ In der Zwischenzeit in einem zweiten Topf Wasser zugedeckt zum Kochen bringen. Salz und die Erbsen hinzugeben, wieder zum Kochen bringen und die Erbsen zugedeckt etwa 3 Minuten bei mittlerer Hitze garen. Dabei gelegentlich umrühren. Die Erbsen auf ein Sieb abgießen, dabei etwas Kochwasser auffangen. Die Erbsen mit kaltem Wasser abschrecken und abtropfen lassen.

3_ Zwiebel abziehen und fein würfeln. Paprikaschoten halbieren, entstielen, entkernen und die weißen Scheidewände entfernen. Schotenhälften abspülen, abtropfen lassen und in kleine Stücke schneiden. Frühlingszwiebeln putzen, abspülen, abtropfen lassen und in 4–5 cm lange Stücke schneiden. Petersilie abspülen, trocken tupfen und die Blättchen von den Stängeln zupfen. Blättchen in Streifen schneiden.

4_ Öl in einer großen Pfanne erhitzen. Zwiebelwürfel, Paprika- und Frühlingszwiebelstücke darin bei mittlerer Hitze unter gelegentlichem Rühren etwa 3 Minuten andünsten. Erbsen und 3–4 Esslöffel der aufgefangenen Kochflüssigkeit unterrühren. Das Gemüse zugedeckt bei mittlerer Hitze etwa 2 Minuten garen.

5_ Paprika-Erbsen-Gemüse mit Zitronensaft, Curry und Cayennepfeffer abschmecken, etwas Petersilie unterrühren. Das Gemüse mit Hirse anrichten. Übrige Petersilie auf die Hirse streuen.

Pro Portion: E: 18,5 g, F: 6,3 g, Kh: 71,8 g, kJ: 1785, kcal: 427, BE: 5,5

Tipp: Dieses Gericht lässt sich auch sehr leicht für 2 Personen zubereiten. Einfach die Zutaten halbieren. Hirse kann man auch gut in Gemüsebrühe garen. Oder anstelle von Hirse die gleiche Menge Amaranth oder Bulgur verwenden. Beides bekommen Sie im Reformhaus.

Ernährungstipp: Gemüse und Getreideprodukte liefern uns Ballaststoffe. Pro Portion nimmt man bei diesem Gericht etwa 15 g Ballaststoffe zu sich – das entspricht etwa der Hälfte des empfohlenen Tagesbedarfes für Erwachsene. Wenn öfters fettarm zubereitete Gemüse und Vollkornprodukte statt Fleisch auf dem Speisezettel stehen, ernährt man sich vollwertig und gesund – so kann man auf Dauer einige „Fett-Kalorien" beim Essen einsparen.

Reis-Quark-Auflauf mit Gemüse
4 Portionen – Für Kinder – einfach

1 Knoblauchzehe
1 Zwiebel (50 g)
1 EL Olivenöl (10 g)
175 g Instant-Rundkornreis (Express-Reis)
500 ml (½ l) Gemüsebrühe
1 Zucchini (etwa 350 g)
150 g Cocktailtomaten
1 Bund Frühlingszwiebeln (etwa 250 g)
1 EL Olivenöl (10 g)
3 Eiweiß (Größe M)
Salz
3 Eigelb (Größe M)
250 g Magerquark
frisch gemahlener Pfeffer
100 g TK-Erbsen
75 g geriebener, kalorienreduzierter Gouda-Käse (15 % Fett)

Zubereitungszeit: 25 Minuten
Garzeit: 25–30 Minuten

1_ Knoblauch und Zwiebel abziehen und fein würfeln. Öl in einem Topf erhitzen und Knoblauch und Zwiebel darin glasig dünsten.

2_ Erst Reis, dann die Brühe dazugeben und den Reis bei schwacher Hitze zugedeckt nach Packungsanleitung garen lassen. Reis etwas abkühlen lassen.

3_ In der Zwischenzeit Zucchini abspülen, abtrocknen und die Enden abschneiden. Zucchini in Scheiben schneiden. Cocktailtomaten abspülen, abtrocknen und halbieren. Nach Belieben die Stängelansätze herausschneiden.

4_ Den Backofen vorheizen.
Ober-/Unterhitze: etwa 180 °C
Heißluft: etwa 160 °C

5_ Frühlingszwiebeln putzen, abspülen, abtropfen lassen und in feine Ringe schneiden. Öl in einer Pfanne erhitzen, die Frühlingszwiebeln darin unter gelegentlichem Rühren kurz anbraten und herausnehmen.

6_ Eiweiß mit 1 Prise Salz sehr steif schlagen. Eigelb mit Quark, Salz, Pfeffer und Reis verrühren. Eischnee unterheben.

7_ Zucchini, Tomaten und Frühlingszwiebeln mit den unaufgetauten Erbsen vorsichtig mit der Quarkmasse mischen und in eine Auflaufform (gefettet) geben. Käse daraufstreuen.

8_ Die Form auf dem Rost im unteren Drittel in den vorgeheizten Backofen schieben. Den Quarkauflauf **25–30 Minuten garen** (bis die Eimasse gestockt ist).

Pro Portion: E: 24,4 g, F: 15,2 g, Kh: 26,6 g, kJ: 1447, kcal: 345, BE: 1,5

Tipp: Sie können diesen Auflauf z. B. auch mit 200 g Quinoa zubereiten. Dann bitte die auf der Packung angegebene Flüssigkeitsmenge beachten. Quinoa hat einen reisähnlichen, leicht getreidigen Geschmack.

Ernährungstipp: Achten Sie bei einer fettarmen Ernährung besonders darauf, nicht zu viele „versteckte" Fette zu verzehren. Diese befinden sich z. B. in Wurst, Süßigkeiten, Chips und Keksen. Meist ist uns nicht bewusst, dass wir deshalb zu viel Fett zu uns nehmen. Die tägliche Fettzufuhr sollte bei einer fettarmen Ernährung 40–50 g nicht überschreiten.

Überbackener Kürbis mit Zartweizen und Frischkäse

2 Portionen – Gut vorzubereiten

125 g Zartweizen
  (vorgegarter Weizen)
1 l Gemüsebrühe
1 Zwiebel
etwa 650 g Kürbis (z. B. Hokkaido)
1 EL Sonnenblumenöl (10 g)

2 EL Schnittlauchröllchen
etwa ½ TL Dr. Oetker Finesse
  Geriebene Zitronenschale
150 g körniger Frischkäse
Salz
frisch gemahlener Pfeffer
frisch geriebene Muskatnuss
1–2 TL zerstoßene, rosa Pfefferbeeren

Zubereitungszeit: **25 Minuten**
Garzeit: **etwa 20 Minuten**

1_ Zartweizen nach Packungsanleitung mit der Gemüsebrühe zubereiten. Zartweizen auf ein Sieb abgießen, dabei die Gemüsebrühe auffangen, 50–75 ml abmessen und beiseitestellen.

2_ In der Zwischenzeit Zwiebel abziehen und fein würfeln. Den Kürbis entkernen und Innenfasern entfernen. Kürbis in Spalten schneiden und schälen. Etwa 400 g Kürbisfruchtfleisch in etwa 1 ½ cm große Würfel schneiden.

3_ Den Backofen vorheizen.
Ober-/Unterhitze: etwa 200 °C
Heißluft: etwa 180 °C

4_ Öl in einem Topf erhitzen und die Zwiebelwürfel darin andünsten. Kürbiswürfel zufügen und unter gelegentlichem Rühren etwa 2 Minuten mitdünsten. Abgemessene Gemüsebrühe hinzugießen. Die Kürbiswürfel zugedeckt in etwa 8 Minuten bissfest dünsten, dabei sollte die Gemüsebrühe fast verdampft sein.

5_ In der Zwischenzeit Schnittlauchröllchen mit Zitronenschale und Frischkäse mischen und mit Salz und Pfeffer würzen. Das Kürbisgemüse mit Salz und Muskatnuss abschmecken. Den Zartweizen untermischen.

6_ Die Kürbis-Weizen-Mischung in einer Auflaufform (gefettet) verteilen.

7_ Die Käsemasse löffelweise daraufgeben und vorsichtig verstreichen. Zerstoßene, rosa Pfefferbeeren daraufstreuen.

8_ Die Form auf dem Rost im unteren Drittel in den vorgeheizten Backofen schieben. Das Kürbisgemüse **etwa 20 Minuten überbacken** und anschließend heiß servieren.

Pro Portion: E: 22,0 g, F: 12,5 g, Kh: 59,1 g, kJ: 1839, kcal: 440, BE: 5,0

Tipp: Dieses Rezept lässt sich für 4 Portionen einfach verdoppeln. Die Garzeit bleibt gleich.

Ernährungstipp: Das Kürbisfruchtfleisch ist kalorienarm und enthält viel Beta-Carotin. Körniger Frischkäse ist relativ fettarm, dafür eiweißreich. Zartweizen liefert neben Kohlenhydraten zusätzlich wertvolles pflanzliches Eiweiß. Fazit: Diese Kombination ist ideal, um satt zu werden und fit und schlank zu bleiben.

Rezeptvariante: Für überbackene Möhren mit Zartweizen statt Kürbis etwa 450 g Möhren schälen, putzen, abspülen, abtropfen lassen und in dünne Scheiben schneiden (pro Portion: E: 22,5 g, F: 12,5 g, Kh: 58,7 g, kJ: 1813, kcal: 433, BE: 4,0).

Apfel-Karamell-Creme

4 Portionen – lässt sich gut vorbereiten

Für den Pudding:
1 Pck. Dr. Oetker Pudding-Pulver Mandel-Geschmack
4 EL Zucker (40 g)
500 ml (½ l) Milch

Außerdem:
3 EL Sonnenblumenkerne (30 g)
1 Apfel (etwa 200 g)
10 g Butter
50 Zucker
50 ml Milch

Zubereitungszeit: 15 Minuten, ohne Abkühlzeit

1_ Aus Pudding-Pulver, Zucker und Milch nach Packungsanleitung einen Pudding zubereiten. Frischhaltefolie auf den Pudding legen, damit sich während des Erkaltens keine Haut bildet. Pudding erkalten lassen.

2_ Die Sonnenblumenkerne in einer Pfanne ohne Fett unter gelegentlichem Rühren goldbraun rösten. Dann auf einem Teller abkühlen lassen.

3_ Apfel schälen, vierteln und das Kerngehäuse entfernen. Die Apfelviertel in dünne Spalten schneiden. Butter in einer Pfanne zerlassen und die Apfelspalten darin andünsten. Zwei Apfelspalten zum Garnieren beiseitelegen. Die restlichen Apfelspalten auf 4 Dessertgläser verteilen.

4_ Den erkalteten Pudding mit einem Schneebesen durchschlagen und in die Dessertgläser füllen.

5_ Zucker in einen kleinen Topf geben und bei mittlerer Hitze hellbraun karamellisieren lassen. Den Topf von der Kochstelle nehmen, die Milch in den Topf gießen und das Ganze unter Rühren so lange erhitzen, bis sich eine cremige Karamellmasse gebildet hat.

6_ Sonnenblumenkerne in die Karamellmasse geben. Den Topf von der Kochstelle nehmen. Beiseitegelegte Apfelspalten halbieren, kurz in der Karamellmasse wenden, herausnehmen und mit der restlichen Karamellmasse auf dem Pudding anrichten.

Pro Portion: E: 6,2 g, F: 10,8 g, Kh: 43,4 g, kJ: 1239, kcal: 295, BE: 3,5

Variante: Für eine Birnen-Schokoladen-Creme (pro Portion: E: 7 g, F: 11 g, Kh: 42 g, kJ: 1238, kcal: 295, BE: 3,5) ersetzen Sie das Mandel-Puddingpulver durch 1 Päckchen Dr. Oetker Pudding-Pulver Schokoladen-Geschmack, die Sonnenblumenkerne durch 30 g Mandelstifte und den Apfel durch 1 Birne (etwa 200 g) – die übrigen Zutaten bleiben gleich. Die Birnenspalten vor dem Andünsten jeweils einmal quer halbieren. Ansonsten die Creme wie im Rezept beschrieben zubereiten.

Desserts – zum Verwöhnen

Quark-Beeren-Trifle
4 Portionen – Für Kinder – Foto

50 g kernige Haferflocken
10 g gehobelte Mandeln
200 g frische Beeren
 (z. B. Himbeeren, Erdbeeren
 und Heidelbeeren)
1–2 TL Zucker
1–2 TL Zitronensaft
500 g Magerquark
2 EL Holunderblütensirup
Mark von ½ Vanilleschote

Zubereitungszeit: **20 Minuten**

1_ Haferflocken mit den Mandeln in einer Pfanne ohne Fett unter Rühren bei schwacher Hitze anrösten und herausnehmen.

2_ Himbeeren, Erdbeeren und Heidelbeeren verlesen, abspülen, abtropfen lassen und entstielen. Erdbeeren vierteln. Die vorbereiteten Früchte mit Zucker und Zitronensaft mischen.

3_ Quark mit Holunderblütensirup und Vanillemark in einer Schüssel glatt rühren.

4_ Zum Servieren zuerst die Früchte in Gläsern verteilen und den Quark daraufschichten. Haferflocken-Mandel-Mischung daraufstreuen.

Pro Portion: E: 38,1 g, F: 2,8 g, Kh: 24,7 g, kJ: 1550, kcal: 207, BE: 2,0

Erdbeer-Zwieback-Trifle
4 Portionen – Fruchtig – für Kinder

500 g Erdbeeren
2 Stängel Minze
1 TL Puderzucker
2 EL Limettensaft
500 g fettarme Vanilla-Quark-
 Zubereitung (0,2 % Fett)
125 g Zwieback

Zubereitungszeit: **20 Minuten, ohne Durchziehzeit**

1_ Erdbeeren abspülen und gut abtropfen lassen. Die Früchte entstielen und evtl. etwas klein schneiden. Minze abspülen, trocken tupfen und die Blättchen von den Stängeln zupfen. Einige Blättchen zum Garnieren beiseitelegen. Restliche Blättchen in feine Streifen schneiden. Erdbeeren mit Minze, Puderzucker und Limettensaft mischen.

2_ Quark-Zubereitung glatt rühren. Zwieback grob zerbröseln.

3_ Erdbeeren, Zwiebackbrösel und Quark-Zubereitung abwechselnd in 4 Dessertgläser schichten. Das Trifle etwa 1 Stunde zugedeckt in den Kühlschrank stellen und durchziehen lassen. Zum Servieren das Trifle mit beiseitegelegter Minze garnieren.

Pro Portion: E: 11,9 g, F: 2,1 g, Kh: 48,6 g, kJ: 1124, kcal: 269, BE: 4,0

Mandarinen-Quark-Speise
4 Portionen – Preiswert – Foto

3 Blatt weiße Gelatine
1 Dose Mandarinen
   (Abtropfgewicht 175 g)
750 g Magerquark

Zubereitungszeit: 20 Minuten, ohne Kühlzeit

1_ Gelatine nach Packungsanleitung einweichen. Mandarinen auf einem Sieb abtropfen lassen, dabei den Saft in einem kleinen Topf auffangen. Den Quark in einer Schüssel glatt rühren.

2_ Mandarinensaft leicht erwärmen. Gelatine leicht ausdrücken und in den Topf geben. Die Gelatine unter Rühren im warmen Saft auflösen. 2 Esslöffel Quark unterrühren. Dann die Saft-Gelatine-Mischung unter den restlichen Quark rühren. Anschließend die Mandarinen unterheben.

3_ Die Mandarinen-Quark-Speise zugedeckt mindestens 30 Minuten in den Kühlschrank stellen.

Pro Portion: E: 26,2 g, F: 0,6 g, Kh: 20,4 g, kJ: 839, kcal: 200, BE: 1,5

Tipp: Die Quarkspeise lässt sich gut vorbereiten. Zum Mitnehmen die Speise in 4 verschließbare Gefäße füllen und im Kühlschrank kalt stellen.

Ernährungstipp: Quark ist sehr eiweißreich und wird mit unterschiedlichen Fettgehalten angeboten. 100 g Magerquark hat nur etwa 0,3 g Fett und etwa 72 kcal. Magerquark ist somit gut für eine fettarme Ernährung geeignet.

Variante: Die Quarkspeise lässt sich auch mit einer Dose Aprikosenhälften (Abtropfgewicht 240 g) oder Pfirsichhälften (Abtropfgewicht 250 g) zubereiten. Pro Portion Aprikosen-Quark-Speise: E: 26,4 g, F: 0,5 g, Kh: 25,5 g, kJ: 927, kcal: 222, BE: 2,0. Pro Portion Pfirsich-Quark-Speise: E: 26,3 g, F: 0,5 g, Kh: 25,7 g, kJ: 923, kcal: 221, BE: 2,0.

Kerniger Beeren-Quark
2 Portionen – Fruchtig – für Kinder

4 EL Vollkorn-Haferflocken (40 g)
1 TL Kürbiskerne (5 g)
1 TL Zucker (5 g)
1 EL grob geschroteter Leinsamen (10 g)
150 g frische oder aufgetaute TK-Beeren (z. B. Himbeeren, Erdbeeren oder Heidelbeeren)
125 g Magerquark
150 g Naturjoghurt (3,5 % Fett)
1 TL Zucker (5 g)

Zubereitungszeit: 15 Minuten

1_ Haferflocken und Kürbiskerne in einer Pfanne ohne Fett unter Rühren goldbraun rösten.

2_ Zucker daraufstreuen und unter gelegentlichem Rühren kurz karamellisieren lassen. Alles auf einen Teller geben und abkühlen lassen. Leinsamen unterrühren.

3_ Frische Beeren abspülen, abtropfen lassen und entstielen. Große Früchte in kleine Stücke schneiden.

4_ Quark mit Joghurt und Zucker in einer Schüssel glatt rühren und in 2 Schälchen mit den Früchten anrichten. Beeren-Quark mit Knusperflocken bestreut servieren.

Pro Portion: E: 15,8 g, F: 7,3 g, Kh: 26,7 g, kJ: 1022, kcal: 243, BE: 2,0

Desserts – zum Verwöhnen

Beeren-Ananas-Salat

2 Portionen – Für Kinder – im Foto hinten

Saft von 1 Zitrone
1 gestr. EL flüssiger Honig (15 g)
1 Msp. gemahlener Zimt
2 Bananen (je etwa 150 g)
200 g frisches Ananasfruchtfleisch
150 g TK-Beerencocktail
2 Vollkorn-Reiswaffeln (je 12 g)

Zubereitungszeit: 10 Minuten, ohne Durchziehzeit

1_ Zitronensaft mit Honig und Zimt in einer Schüssel glatt rühren. Bananen schälen, in dünne Scheiben schneiden und mit der Zitronensaft-Honig-Mischung verrühren.

2_ Das Ananasfruchtfleisch in kleine Stücke schneiden und mit den gefrorenen Beeren unterheben. Den Salat mindestens 30 Minuten durchziehen lassen. Den Obstsalat durchrühren und mit den Reiswaffeln servieren.

Pro Portion: E: 3,1 g, F: 1,0 g, Kh: 63,3 g, kJ: 1208, kcal: 289, BE: 5,5

Ernährungstipp: Bananen und Beeren versorgen uns mit Magnesium. Außerdem sind Bananen gute Vitamin-B_6-Lieferanten. Vitamin C bringt die Ananas mit. So ist dieser Salat eine gute Möglichkeit, unsere Immunabwehr zu stärken.

Exotischer Obstsalat

2 Portionen – Zum Mitnehmen – im Foto vorn

Saft von 1 Zitrone
1 gestr. EL flüssiger Honig (15 g)
1 Msp. gemahlener Zimt
1 Mango (etwa 400 g)
1 Papaya (etwa 400 g)
2 Kaktusfeigen (etwa 250 g)
100 g Physalis (etwa 24 Stück)

Zubereitungszeit: 10 Minuten, ohne Durchziehzeit

1_ Zitronensaft mit Honig und Zimt verrühren. Das Fruchtfleisch der Mango vom Stein schneiden, schälen und in Spalten schneiden, mit 2 Esslöffeln der Zitronensaftmischung beträufeln. Papaya halbieren, entkernen, schälen und in Spalten schneiden.

2_ Von den Kaktusfeigen jeweils die Enden abschneiden. Schale vorsichtig abziehen. Die Kaktusfeigen in Scheiben schneiden. Physalis aus der Hülle lösen, abspülen, trocken tupfen und nach Belieben halbieren. Früchte in 2 Schälchen anrichten und mit der restlichen Zitronensaftmischung beträufeln.

Pro Portion: E: 3,5 g, F: 1,6 g, Kh: 38,9 g, kJ: 817, kcal: 195, BE: 3,0

Tipp: Statt der Kaktusfeigen können Sie auch 2 Kiwis verarbeiten. Kiwis schälen und in Scheiben schneiden. Physalis ist auch unter dem Namen Kapstachelbeere bekannt.

Abkürzungen und Hinweise

Abkürzungen

EL	=	Esslöffel
TL	=	Teelöffel
Msp.	=	Messerspitze
Pck.	=	Packung/Päckchen
g	=	Gramm
kg	=	Kilogramm
ml	=	Milliliter
l	=	Liter
evtl.	=	eventuell
geh.	=	gehäuft
gestr.	=	gestrichen
TK	=	Tiefkühlprodukt
°C	=	Grad Celsius

Kalorien-/Nährwertangaben

E	=	Eiweiß
F	=	Fett
Kh	=	Kohlenhydrate
kJ	=	Kilojoule
kcal	=	Kilokalorie

Hinweise zu den Rezepten

Lesen Sie vor der Zubereitung – besser noch vor dem Einkauf – das Rezept einmal vollständig durch. Oft werden Arbeitsabläufe oder -zusammenhänge dann klarer.

Zutatenliste

Die Zutaten sind in der Reihenfolge ihrer Bearbeitung angegeben.

Arbeitsschritte

Die Arbeitsschritte sind einzeln hervorgehoben, in der Reihenfolge, in der sie von uns ausprobiert wurden.

Zubereitungszeiten

Die Zubereitungszeit ist ein Anhaltswert für die Zeit der Vorbereitung und die eigentliche Zubereitung. Längere Wartezeiten, z. B. Kühl- und Auftauzeiten, sind nicht mit einbezogen.

Backofeneinstellung

Die in den Rezepten angegebenen Backtemperaturen und -zeiten sind Richtwerte, die je nach individueller Hitzeleistung des Backofens über- oder unterschritten werden können. Bitte beachten Sie deshalb bei der Einstellung des Backofens die Gebrauchsanweisung des Herstellers und machen Sie nach Beendigung der angegebenen Backzeit eine Garprobe.

Die Temperaturangaben in diesem Buch beziehen sich auf Elektrobacköfen. Die Temperatureinstellungsmöglichkeiten für Gasbacköfen variieren je nach Hersteller, sodass wir keine allgemeingültigen Angaben machen können.

Kapitelregister

Suppen – zum Auslöffeln
Amerikanische Pfeffersuppe 11
Brokkolicremesuppe mit Krabben 20
Bunter Bohneneintopf 12
Chinakohleintopf 11
Fenchel-Zitronen-Suppe mit Lachs 16
Fischsuppe 19
Gemüsesuppe mit Lachsschinken 24
Gemüsetopf „Sterntaler" 24
Kartoffelsuppe mit Porree und Garnelen 8
Kichererbsensuppe mit Kartoffeln 27
Kräutersuppe 32
Möhrensuppe mit Kichererbsen 31
Möhrensuppe mit roten Linsen und Minze 15
Ratatouille-Suppe 23
Suppe nach Peking Art 20
Süßkartoffelsuppe mit Backobst und Bacon 28
Tomatensuppe 32
Zucchinisuppe mit gerösteten
 Sonnenblumenkernen 27

Salate – frisch zubereitet
Amerikanischer Salat 48
Apfel-Möhren-Salat mit Honig-Sesam-Dressing 48
Apfel-Sellerie-Rohkost 51
Asia-Glasnudel-Salat 43
Asiatischer Pilz-Glasnudel-Salat 56
Bunter Feldsalat mit Grapefruit 67
Couscous-Salat 36
Eier-Spinat-Salat mit Senf-Dressing 40
Eisberg-Camembert-Salat mit Joghurt-
 Senf-Dressing 63
Endivien-Melonen-Salat mit Zanderfilet 47
Exotischer Ananassalat mit Schweinefilet 52
Gemischter Blattsalat 55
Harzer-Käse-Salat mit Curry-Vinaigrette 55
Kichererbsensalat 56
Nudelsalat mit Parmaschinken und Melone 51
Nudelsalat mit Schinkenröllchen 63
Roastbeef-Gurken-Salat 44
Rohkostplatte mit Schmand-Kräuter-Dip 64
Rote-Linsen-Salat 39
Salat mit Fischfilet und Frischkäse-Dressing 59
Salat mit gebratenem Hähnchenfilet 64
Scharfer Mango-Glasnudel-Salat 35
Toskana-Kartoffel-Salat 60

Snacks – auch zum Mitnehmen
Buntes Wrap-Einander 80
Champignon-Rührei mit Lachs 72

Doppeldecker-Sandwiches 71
Forellenfilet in Vollkornbrot 91
Frischkäse-Melonen-Müsli 76
Gefüllte Tomaten mit Käse überbacken 75
Gemüse-Gyros in Pita-Brottaschen 68
Gemüseplatte mit Käsesauce 87
Gemüseteller mit Schnittlauch-Dip 79
Gyros-Pilz-Taschen 83
Hafer-Pfannkuchen-Röllchen 88
Lachsbrot mit Gurke 91
Sesamkartoffeln mit Dip 76
Tomaten mit Reis-Hack-Füllung 84
Vollkornbrot „rot-grün" 88

Fleisch – auf leichte Art
Asiatische Nudelpfanne 103
Hähnchenfilet auf buntem Gemüse 107
Medaillons auf Bohnen-Tomaten-Gemüse 95
Pilzpfanne mit Rinderfilet 99
Putengulasch mit Sauerkraut und Möhren 100
Putenröllchen mit Brokkoli-Nudeln 104
Saltimbocca vom Schwein mit Kartoffeln und Salat 96
Schweinesteak mit Tomaten-Oliven-Gemüse 92

Fisch – ein guter Fang
Fischrouladen in Tomatensauce 115
Kräuter-Schollenfilets auf Tomaten 108
Lachswürfel auf Erbsenpüree 111
Seelachs auf Zitronenspinat mit Möhrenreis 116
Seelachsfilet mit Ofentomaten 112
Tomatenfisch auf Gurkengemüse 119

Vegetarisch – querbeet genießen
Blumenkohlcurry mit Reis 127
Erbsen-Paprika-Gemüse mit Hirse 128
Gebratener Chinakohl 124
Kartoffel-Ei-Curry mit Erbsen 120
Ratatouille mit Vollkornnudeln *(Titelrezept)* 123
Reis-Quark-Auflauf mit Gemüse 131
Überbackener Kürbis mit Zartweizen
 und Frischkäse 132

Desserts – zum Verwöhnen
Apfel-Karamell-Creme 135
Beeren-Ananas-Salat 140
Erdbeer-Zwieback-Trifle 136
Exotischer Obstsalat 140
Kerniger Beeren-Quark 139
Mandarinen-Quark-Speise 139
Quark-Beeren-Trifle 136

Verlagsgruppe Random House FSC®-N001967
Das für dieses Buch verwendete
FSC®-zertifizierte Papier *Hello Fat Matt*
liefert Condat, Le Lardin Saint-Lazare, Frankreich.

2. Auflage

Hinweis	Wenn Sie Anregungen, Vorschläge oder Fragen zu unseren Büchern haben, dann schreiben Sie uns: Dr. Oetker Verlag KG, Am Bach 11, 33602 Bielefeld oder besuchen Sie uns im Internet unter www.oetker-verlag.de oder www.oetker.de
Copyright	© 2012 by Dr. Oetker Verlag KG, Bielefeld
	Taschenbucherstausgabe 02/2012
	Genehmigte Lizenzausgabe für den Wilhelm Heyne Verlag, München, in der Verlagsgruppe Random House GmbH www.heyne.de Printed in Germany 2013
Redaktion	Jasmin Gromzik, Miriam Krampitz
Titelfoto	Antje Plewinski, Berlin
Innenfotos	Walter Cimbal, Hamburg (S. 71, 81) Fotostudio Diercks, Hamburg (S. 11, 19, 21, 25, 31, 35, 49, 51, 57, 65, 85, 97, 103, 105, 111, 113, 121) Ulli Hartmann, Halle/Westfalen (S. 75, 77, 135) Janne Peters, Hamburg (S. 23, 29, 137) Antje Plewinski, Berlin (S. 9, 13, 17, 27, 33, 37, 39, 69, 73, 79, 87, 89, 91, 93, 95, 99, 101, 107, 109, 115, 117, 119, 123, 125, 127, 129, 133, 139, 141) Hans-Joachim Schmidt, Hamburg (S. 15, 41, 43, 45, 47, 53, 55, 59, 61, 63, 67, 83, 131)
Grafisches Konzept	kontur:design GmbH, Bielefeld
Umschlaggestaltung	kontur:design GmbH, Bielefeld
Satz und Gestaltung	M·D·H Haselhorst, Bielefeld
Druck und Bindung	Offizin Andersen Nexö, Leipzig

Nachdruck, auch auszugsweise, nur mit unserer ausdrücklichen Genehmigung und mit Quellenangabe gestattet.

ISBN: 978-3-453-85578-6